बैबिलॉन का सबसे अमीर आदमी

बैबिलॉन का सबसे अमीर आदमी

आर्थिक सफलता के शाश्वत रहस्य
धन-दौलत पर लिखी सबसे प्रेरक पुस्तक

जॉर्ज एस. क्लासन

अनुवाद : डॉ. सुधीर दीक्षित

MANJUL
मंजुल पब्लिशिंग हाउस

MANJUL

मंजुल पब्लिशिंग हाउस

कॉरपोरेट एवं संपादकीय कार्यालय

• द्वितीय तल, उषा प्रीत कॉम्प्लेक्स, 42 मालवीय नगर, भोपाल-462003

विक्रय एवं विपणन कार्यालय

• सी-16, सेक्टर 3, नोएडा, उत्तर प्रदेश - 201301, इंडिया

वेबसाइट : www.manjulindia.com

वितरण केन्द्र

अहमदाबाद, बेंगलुरू, भोपाल, कोलकाता, चेन्नई,
हैदराबाद, मुम्बई, नई दिल्ली, पुणे

जॉर्ज एस. क्लासन द्वारा लिखित मूल अंग्रेजी पुस्तक
द रिचेस्ट मैन इन बैबिलॉन का हिन्दी अनुवाद
The Richest Man in Babylon by *George S. Clason* - Hindi Edition

यह संस्करण 2005 में पहली बार प्रकाशित
18वीं आवृत्ति 2022

ISBN 978-81-8322-019-4

हिन्दी अनुवाद : डॉ. सुधीर दीक्षित, रजनी दीक्षित

मुद्रण व जिल्दसाज़ी : थॉमसन प्रेस (इंडिया) लिमिटेड

1920 के दशक में लिखी गई पुस्तक इक्कीसवीं सदी के आधुनिक निवेशकों को उनकी आर्थिक स्थिति के बारे में क्या सिखा सकती है? बहुत कुछ, अगर यह पुस्तक जॉर्ज क्लासन की "बैबिलॉन का सबसे अमीर आदमी" हो। इस पुस्तक में धन के मूलभूत सिद्धांत विस्तार से बताए गए हैं। यह हर कॉलेज के विद्यार्थी या आम आदमी के लिए बेहतरीन तोहफ़ा है, जो धन की दुनिया में ख़ुद को दुविधाग्रस्त पाता है। साथ ही, यह अनुभवी निवेशकों के लिए भी अद्‌भुत रूप से पठनीय है।

*** लॉस एंजेलिस टाइम्स**

आपके सामने आपका भविष्य फैला हुआ है, दूर जाने वाली सड़क की तरह। इस सड़क पर महत्वाकांक्षाएँ हैं, जिन्हें आप हासिल करना चाहते हैं... इच्छाएँ हैं, जिन्हें आप पूरी करना चाहते हैं।

अपनी महत्वाकांक्षाओं और इच्छाओं को पूरा करने के लिए आपके पास धन होना चाहिए। इस पुस्तक में दिए गए आर्थिक सिद्धांतों का प्रयोग करें। उनसे सीखें कि अपने ख़ाली पर्स को कैसे भरा जाता है और इसके द्वारा ज़्यादा सुखद जीवन का आनंद कैसे लिया जाता है।

गुरुत्वाकर्षण के नियम की तरह धन के ये नियम भी शाश्वत और अपरिवर्तनीय हैं। वे बहुत से लोगों को लाभ पहुँचा चुके हैं... और आपको भी लाभ पहुँचाएँगे। इस पुस्तक को पढ़ने के बाद निश्चित रूप से आपका बैंक बैलेंस बढ़ जाएगा और आपकी आर्थिक प्रगति तेज़ी से होने लगेगी।

उन लोगों के लिए इस दुनिया में
बेशुमार धन मौज़ूद है, जो इसे हासिल करने के
आसान नियमों को जानते हैं :

1. *अपने पर्स को मोटा करें*
2. *अपने ख़र्च को नियंत्रित करें*
3. *अपने धन को कई गुना बढ़ाएं*
4. *अपनी पूंजी न गंवाएं*
5. *अपने घर को लाभकारी निवेश बनाएं*
6. *भावी आमदनी सुनिश्चित करें*
7. *अपनी कमाने की क्षमता बढ़ाएं*

बैबिलॉन का
सबसे अमीर आदमी

* धन से सांसारिक सफलता का आकलन किया जाता है।

* धन से इस दुनिया की सारी अच्छी चीज़ों का आनंद लिया जा सकता है।

* धन उन लोगों के पास आसानी से आता है, जो इसे हासिल करने के आसान नियमों को जानते हैं।

* आज भी धन के नियम वही हैं, जो छह हज़ार साल पहले बैबिलॉन के अमीर लोगों के समय थे।

विषय-सूची

प्रस्तावना

किसी देश की समृद्धि इसके नागरिकों की आर्थिक समृद्धि पर निर्भर करती है।

यह पुस्तक सफलता के बारे में है। सफलता का अर्थ है हमारे प्रयासों और योग्यताओं के परिणामस्वरूप मिलने वाली उपलब्धियाँ। हमारी सफलता की कुंजी है उचित तैयारी। हमारे काम हमारे विचारों जितने ही बुद्धिमत्तापूर्ण हो सकते हैं और हमारे विचार हमारे ज्ञान जितने ही बुद्धिमत्तापूर्ण हो सकते हैं।

ख़ाली पर्स का इलाज करने वाली इस पुस्तक को आर्थिक ज्ञान की मार्गदर्शिका कहा गया है। दरअसल यही इसका लक्ष्य है। यह महत्त्वाकांक्षी लोगों को आर्थिक सफलता का ऐसा ज्ञान देती है, जिसकी मदद से वे धन हासिल कर सकते हैं, उसे अपने पास रख सकते हैं और उससे ज़्यादा धन कमा सकते हैं।

आगे के पृष्ठों में हम बैबिलॉन में चलेंगे, जहाँ धन के मूलभूत सिद्धांत विकसित किए गए थे, जिन्हें आज दुनिया भर में जाना और माना जाता है।

लेखक यह आशा करता है कि इस पुस्तक में पाठकों को अपने बैंक अकाउंट में वृद्धि करने, अधिक वित्तीय सफलता पाने और मुश्किल वित्तीय समस्याओं के समाधान की प्रेरणा मिलेगी। दुनिया भर के हज़ारों पाठकों ने इसके बारे में यही राय व्यक्त की है।

लेखक उन सभी बिज़नेस एक्ज़ीक्यूटिव्ज़ को धन्यवाद देना चाहता है, जिन्होंने अपने मित्रों, रिश्तेदारों, कर्मचारियों और सहयोगियों को यह पुस्तक बड़ी संख्या में बाँटी है। इस पुस्तक को सफल लोगों ने पसंद किया, क्योंकि ये सफल लोग भी इन्हीं सिद्धांतों की बदौलत सफल बने थे।

बैबिलॉन प्राचीन विश्व का सबसे दौलतमंद शहर इसलिए था, क्योंकि इसके नागरिक बहुत अमीर थे। वे धन का मूल्य समझते थे। वे धन को हासिल करने, उसे बनाए रखने और उससे अधिक धन कमाने के दमदार आर्थिक सिद्धांतों पर अमल करते थे। इन सिद्धांतों की बदौलत वे दौलतमंद बन गए और हम भी यही तो चाहते हैं।

जॉर्ज एस. क्लासन

✧ ✧ ✧

अमीर बनने की इच्छा

बंज़िर बैबिलॉन में रथ बनाता था। इस समय वह अपने घर के अहाते की दीवार पर उदास बैठा था। वह अपने ख़स्ताहाल घर और आँगन को उदासी से देख रहा था। आँगन में एक रथ अधूरा पड़ा था।

बंज़िर की पत्नी बार-बार घर के बाहरी दरवाज़े पर आकर झाँक रही थी। अपनी पत्नी के देखने के अंदाज़ से वह समझ गया कि घर में खाने को कुछ नहीं है और उसे जल्दी से रथ पूरा कर लेना चाहिए। वह जानता था कि इस समय उसे हाथ पर हाथ धरकर बैठने के बजाय हथौड़ा चलाना चाहिए, कुल्हाड़ी से काट-छाँट करना चाहिए, पॉलिश और पेंट करना चाहिए, पहियों के रिम पर चमड़ा चढ़ाना चाहिए और रथ को ग्राहक तक पहुँचाना चाहिए, ताकि उसे अमीर ग्राहक से पैसे मिल सकें।

बहरहाल, सुगठित और मांसल देह वाला बंज़िर दीवार पर अलसाए अंदाज़ में बैठा रहा। उसका दिमाग़ बहुत मंद गति से काम कर रहा था। कुछ समय से उसके मन में एक ऐसी उलझन थी, जिसका उसे जवाब नहीं मिल रहा था। यूफ़्रेटस नदी की इस घाटी में सूरज आम तौर पर शोले

बरसाता था। आज भी यह निर्ममता से शोले बरसा रहा था। इस वजह से बंज़िर की भौंह पर पसीने के मोती छलछला आए थे, जो बहकर उसके सीने के बालों में ग़ुम हो गए।

दूर उसे सम्राट के महल की बाहरी ऊँची दीवारें दिखाई दे रही थीं। पास में नीले आसमान को छूती बेल मंदिर की मीनार थी। इतनी भव्यता की छाया में उसका छोटा सा घर था। उसके आस-पास कई और लोगों के घर भी थे, जिनकी हालत उसके घर से भी ज़्यादा ख़राब थी। बैबिलॉन का यही माहौल था। यहाँ भव्यता और मलिनता साथ-साथ रहती थीं। यहाँ प्रचुर दौलत और बेहद ग़रीबी पास-पास रहती थीं। अमीर और ग़रीब दोनों तरह के लोग शहर की सुरक्षात्मक दीवारों के भीतर बिना किसी योजना या व्यवस्था के साथ-साथ रहते थे।

बंज़िर के पीछे अमीरों के रथ शोर कर रहे थे, ताकि जूते पहने व्यापारी और नंगे पैर चल रहे भिखारी रास्ते से हट जाएँ। बहरहाल, जब पानी लाने वाले ग़ुलाम सड़क पर नज़र आते थे, तो उन्हें रास्ता देने के लिए अमीरों के रथ नालियों की तरफ़ हट जाते थे। वे ऐसा इसलिए करते थे, क्योंकि ये ग़ुलाम "सम्राट का काम" कर रहे थे। इन सबकी पीठ पर पानी की भारी मशकें लदी थीं, जो हैंगिंग गार्डन्स में डालने के लिए ले जाई जा रही थीं।

बंज़िर अपनी समस्या पर सोच-विचार करने में इतना खोया हुआ था कि उसने व्यस्त शहर के कोलाहल को न तो सुना, न ही उसकी तरफ़ ध्यान दिया। उसकी तंद्रा तभी टूटी, जब उसे एक परिचित वाद्ययंत्र की तानें सुनाई दीं। उसने पलटकर देखा कि उसका सबसे पक्का दोस्त कोबी पास में खड़ा था। कोबी संगीतकार था और इस समय उसका संवेदनशील चेहरा मुस्करा रहा था।

कोबी ने झुककर सलाम करते हुए कहा, "देवता आप पर मेहरबान हों, मेरे अच्छे मित्र। लेकिन ऐसा लगता है कि देवता आप पर पहले से ही इतने मेहरबान हो चुके हैं कि अब आपको मेहनत करने की कोई ज़रूरत ही नहीं है। आपकी ख़ुशक़िस्मती देखकर मुझे भी ख़ुशी हो रही

है। इतना ही नहीं, मैं तो यह भी चाहता हूँ कि आपकी ख़ुशक़िस्मती से मेरी भी क़िस्मत बदल जाए। आपका पर्स ज़रूर भारी होगा, क्योंकि अगर यह सिक्कों की वजह से भारी नहीं होता, तो आप रथ बनाने का काम कर रहे होते। मेहरबानी करके आप अपने पर्स में से दो सिक्के निकालकर मुझे उधार दे दें। मैं आज रात को सामंत की दावत के बाद उधार चुका दूँगा। आपको पता भी नहीं चलेगा, इससे पहले ही आपका उधार वापस लौट आएगा।"

बंज़िर ने उदासी से जवाब दिया, "अगर मेरे पास दो सिक्के होते, तो मैं उन्हें किसी को भी उधार नहीं देता - तुम्हें भी नहीं, मेरे सबसे पक्के दोस्त। इसका कारण यह है कि वे दो सिक्के मेरी ज़िंदगी भर की दौलत होते, मेरी पूरी दौलत। कोई भी अपनी पूरी दौलत किसी को उधार नहीं देता, भले ही वह उसका सबसे पक्का दोस्त ही क्यों न हो।"

"क्या ?" कोबी ने हैरान होकर कहा। "तुम्हारे पर्स में एक भी सिक्का नहीं है, इसके बावज़ूद तुम दीवार पर बुत बने बैठे हो! उस रथ को पूरा क्यों नहीं करते ? तुम्हारी तेज़ भूख को शांत करने के लिए भोजन कहाँ से आएगा ? तुम ऐसे तो नहीं थे ? तुम तो दिन-रात मेहनत करते थे ? क्या कोई चीज़ तुम्हें दुखी कर रही है ? क्या देवताओं ने तुम पर कोई मुसीबत लाद दी है ?"

"यह मुसीबत ज़रूर देवताओं ने ही लादी होगी," बंज़िर ने हामी भरते हुए कहा। "सारा झमेला एक सपने से शुरू हुआ था। यह बेसिरपैर का सपना था। इसमें मैंने देखा कि मैं अमीर बन गया था। मेरे बेल्ट से खनखनाते सिक्कों से भरा पर्स लटक रहा था और मैं भिखारियों की तरफ़ लापरवाही से सिक्के उछालता जा रहा था। मैं चाँदी के सिक्कों से अपनी पत्नी के लिए वस्त्र और अपने लिए मनचाही चीज़ें ख़रीद रहा था। मेरे पास सोने के सिक्के भी थे, इसलिए मैं भविष्य को लेकर आश्वस्त था और मुझे चाँदी के सिक्के ख़र्च करने में कोई डर नहीं लग रहा था। मैं बहुत ही संतुष्ट और सुखी महसूस कर रहा था! मुझे देखकर तुम यह नहीं कह सकते थे कि मैं तुम्हारा वही मेहनती मित्र हूँ। तुम मेरी पत्नी को भी

नहीं पहचान सकते थे, क्योंकि उसके ख़ुशी से दमकते चेहरे पर झुर्रियों का नामोनिशान नहीं था। वह एक बार फिर से उतनी ही सुंदर और ख़ुशमिज़ाज. लग रही थी, जितनी हमारी शादी के समय लगती थी।"

कोबी ने कहा, "सचमुच बहुत बढ़िया सपना था। परंतु इतने अच्छे सपने की वजह से तुम दुखी होकर दीवार पर क्यों बैठे हो?"

"क्योंकि जागने पर मैंने देखा कि मेरा पर्स ख़ाली था। मेरे अंदर विद्रोह की भावना सुलगने लगी। आओ, हम इस बारे में विस्तार से बातें करें, क्योंकि जैसा समुद्री यात्री कहते हैं, हम एक ही नाव में सवार हैं। बचपन में हम दोनों ने धर्मगुरुओं से एक साथ शिक्षा हासिल की। किशोरावस्था में हमने साथ-साथ मौज-मस्ती की। बड़े होने पर साथ-साथ हम दोनों गहरे मित्र बन गए। हम संतुष्ट लोगों की तरह रहते हैं। दिन-रात मेहनत करने और अपनी पूरी कमाई ख़र्च करने के बावज़ूद हम संतुष्ट रहे हैं। इतने सालों में हमने बहुत पैसा कमाया, परंतु हमें कभी दौलत की ख़ुशी का ज़रा भी एहसास नहीं हुआ। इसके लिए हमें सपनों का सहारा लेना पड़ता है। अब मेरे मन में यह विचार आता है कि क्या हम गूँगी भेड़ों जितने मूर्ख हैं? हम दुनिया के सबसे अमीर शहर में रहते हैं। यात्री कहते हैं कि इतनी दौलत दुनिया में और कहीं नहीं है। हमारे आसपास बेशुमार दौलत बिखरी पड़ी है, परंतु हमारे पास कुछ भी नहीं है। मेरे प्यारे दोस्त, आधी ज़िंदगी कड़ी मेहनत करने के बाद भी तुम्हारा पर्स ख़ाली है और तुम मुझसे कहते हो, 'मेहरबानी करके आप अपने पर्स में से दो सिक्के निकालकर मुझे उधार दे दें। मैं आज रात को सामंत की दावत के बाद उधार चुका दूँगा।' इसका मैं क्या जवाब देता हूँ। क्या मैं यह कहता हूँ, 'यह रहा मेरा पर्स। इसमें से जितने सिक्के चाहो, ख़ुशी-ख़ुशी निकाल लो।?' नहीं, इसके बजाय मैं यह कहता हूँ कि मेरा पर्स भी तुम्हारे पर्स की तरह ही ख़ाली है। आख़िर इसकी क्या वजह है? हमारे पास धन टिकता क्यों नहीं है? हम संपत्ति क्यों नहीं जोड़ पाते हैं? हम इतना ही क्यों कमा पाते हैं, ताकि हम ज़िंदा रह सकें और हमारे भोजन तथा वस्त्रों की मूलभूत ज़रूरतें ही पूरी हो सकें?"

बंज़िर ने कहा, "और इस बारे में भी सोचो कि हमारे बेटे भी हमारे ही पदचिन्हों पर चल रहे हैं? क्या वे और उनके पुत्र भी इस सोने की नगरी में हमारी ही तरह ग़रीब रहेंगे? क्या उन्हें भी बकरी के दूध और दलिए से पेट भरना होगा?"

कोबी ने हैरान होकर कहा, "बंज़िर, हमारी दोस्ती को इतने साल हो चुके हैं, परंतु तुमने पहले कभी ऐसी बातें नहीं कीं।"

"अब तक मैंने कभी इस तरह से सोचा ही नहीं था। सुबह होते ही मैं काम में जुट जाता था और अँधेरा होने तक जुटा रहता था। मैंने अपनी मेहनत से दुनिया के सबसे शानदार रथ तैयार किए। मुझे आशा थी कि मेरे बेहतरीन काम को देखकर देवता किसी दिन ख़ुश होंगे और मुझे अमीर बनने का आशीर्वाद देंगे। परंतु देवताओं ने ऐसा कभी नहीं किया। अब मुझे यह एहसास हो चुका है कि वे ऐसा कभी करेंगे भी नहीं। इसीलिए मेरा दिल उदास है। मैं अमीर बनना चाहता हूँ। मैं चाहता हूँ कि मेरे पास ज़मीन हो, मवेशी हों, सुंदर कपड़े हों और सिक्कों से भरा पर्स हो।

"इन चीज़ों को पाने के लिए मैं डटकर मेहनत करने को तैयार हूँ। इन चीज़ों को पाने के लिए मैं अपनी पूरी योग्यता और क्षमता से मेहनत करने को तैयार हूँ। परंतु मैं यह भी चाहता हूँ कि मेरी मेहनत का मुझे उचित पुरस्कार मिले। मैं एक बार फिर तुमसे पूछता हूँ, आख़िर बात क्या है? दुनिया में इतनी सारी अच्छी चीज़ें हैं, परंतु वे हमें क्यों नहीं मिलती हैं? हमारे पास इतना पैसा क्यों नहीं है कि हम अपनी मनचाही चीज़ें ख़रीद सकें?"

कोबी ने जवाब दिया, "काश मुझे इस सवाल का जवाब पता होता! मैं भी उतना ही असंतुष्ट हूँ, जितने कि तुम। संगीत बजाकर मैं जितना भी कमाता हूँ, तत्काल ख़र्च हो जाता है। मेरे परिवार को भूखों मरने की नौबत न आए, मुझे अक्सर इसकी योजना बनाना पड़ती है। मेरे दिल में एक प्रबल इच्छा बहुत समय से है। मैं एक ऐसा वाद्ययंत्र ख़रीदना चाहता हूँ, जिससे मैं अपने मन में तैर रही संगीत की धुनों को सचमुच बाहर

निकाल सकूँ। ऐसा वाद्ययंत्र ख़रीदने के बाद मैं इतना बेहतरीन संगीत बजा सकता हूँ, जो सम्राट ने भी कभी नहीं सुना होगा।"

"इस तरह का वाद्ययंत्र तुम्हारे पास होना चाहिए। बैबिलॉन में तुमसे ज़्यादा मधुर संगीत कोई नहीं बजा सकता है। न सिर्फ़ सम्राट, बल्कि देवता भी ख़ुश होंगे। परंतु तुम उसे ख़रीदोगे कैसे? हम दोनों तो सम्राट के ग़ुलामों जितने ग़रीब हैं? घंटी की आवाज़ सुन रहे हो! वह देखो, सम्राट के ग़ुलाम आ गए।" उसने पसीना-पसीना हो रहे अधनंगे भिश्तियों को देखा, जो नदी से पानी ला रहे थे और सँकरी सड़क पर बोझ लादकर चल रहे थे। पाँच ग़ुलाम एक साथ चल रहे थे और हर एक की पीठ पर पानी की भारी मशक का बोझ लदा था।

"जो आदमी सबसे आगे चल रहा है, उसका शरीर कितना सुगठित है।" कोबी ने सबसे आगे घंटी लेकर चलने वाले व्यक्ति की तरफ़ इशारा किया, जिसकी पीठ पर मशक नहीं थी। "साफ़ नज़र आता है कि वह अपने देश में प्रतिष्ठित आदमी रहा होगा।"

बंज़िर ने सहमत होते हुए जवाब दिया, "इन ग़ुलामों में ज़्यादातर लोग हमारी तरह हैं। लंबे और गोरे ग़ुलाम उत्तरी देशों के हैं, हँसमुख अश्वेत दक्षिण के हैं और नाटे भूरे ग़ुलाम आस-पास के देशों के हैं। सभी ग़ुलाम एक साथ नदी से बगीचे तक और बगीचे से नदी तक आते-जाते हैं। ये लोग दिन भर, साल भर यही काम करते हैं। उनके जीवन में सुख नहीं है, न ही सुख मिलने की ज़रा भी आशा है। वे भूसे के बिस्तर पर सोते हैं। घटिया अनाज का दलिया खाते हैं। बेचारे ग़ुलामों पर तरस खाओ, कोबी!"

"मुझे भी उन पर तरस आता है। परंतु तुम्हारी बातों से मैं समझ गया हूँ कि हमारी हालत भी उन्हीं जैसी है, हालाँकि पहले मैं ख़ुद को स्वतंत्र मानता था।"

"यह सच है कोबी, हालाँकि यह विचार सुखद नहीं है। हम यह नहीं चाहेंगे कि हम भी हर दिन, हर साल ग़ुलामों जैसी ज़िंदगी जिएँ।

काम करना, काम करना, काम करना! और इसके बाद भी कोई प्रगति, कोई तरक्की नहीं होना।"

कोबी ने पूछा, "क्या हम यह पता नहीं लगा सकते कि अमीर लोग अमीर कैसे बनते हैं? इसके बाद शायद हम भी उसी तरीक़े पर चलकर अमीर बन सकते हैं?"

"अगर कोई व्यक्ति दौलत का रहस्य जानता हो और वह हमें बता दे, तो शायद हम भी उस रहस्य को सीख सकते हैं," बंज़िर ने सोचते हुए जवाब दिया।

कोबी ने सुझाव दिया, "आज ही मुझे अपना पुराना मित्र अरक़ाद दिखा था। वह अपने सुनहरे रथ पर सवार था। उसने मुझे देखकर अनदेखा नहीं किया, जिस तरह बाक़ी अमीर लोग करते हैं। इसके बजाय उसने अपना हाथ मेरी तरफ़ हिलाया, ताकि सब लोग यह देख लें कि वह संगीतकार कोबी का मुस्कराकर अभिवादन कर रहा है।"

बंज़िर ने कहा, "लोग कहते हैं कि अरक़ाद बैबिलॉन का सबसे अमीर आदमी है।"

कोबी ने जवाब दिया, "इतना अमीर कि सम्राट भी ख़ज़ाने के लिए समय-समय पर उसकी मदद लेता रहता है।"

बंज़िर बीच में बोल पड़ा, "इतना अमीर! अगर वह मुझे कहीं रात के अँधेरे में मिल जाए, तो मुझे डर है कि मेरा हाथ उसके मोटे पर्स पर चला जाएगा।"

कोबी ने झिड़कते हुए कहा, "बकवास। इंसान की दौलत उसके पर्स में नहीं होती है। अगर पर्स में लगातार धन न आए, तो मोटे से मोटा पर्स भी जल्दी ही ख़ाली हो जाएगा। अरक़ाद की आमदनी इतनी ज़्यादा है कि वह कितना ही दिल खोलकर ख़र्च करे, उसका पर्स हमेशा भरा रहता है।"

"आमदनी ही तो सबसे बड़ी बात है," बंज़िर बोला। "मैं चाहता हूँ

कि मेरे पर्स में भी आमदनी आती रहे, भले ही मैं दीवार पर बैठा रहूँ या दूर देशों की यात्रा करने चला जाऊँ। अरक़ाद को मालूम होगा कि आमदनी कैसे बढ़ाई जा सकती है। क्या तुम्हें लगता है कि वह मेरे जैसे मंदबुद्धि व्यक्ति को यह बात स्पष्टता से समझा सकता है?"

कोबी ने कहा, "मैंने सुना है कि उसने अपने पुत्र नोमाज़िर को यह ज्ञान दिया था। इसके बाद नोमाज़िर निनेवा गया और अपने पिता की सहायता के बिना ही बहुत अमीर बन गया!"

"कोबी, तुमने एक बहुत बेहतरीन विचार दिया है।" बंज़िर की आँखों में एक नई रोशनी चमकने लगी। "अच्छे मित्र की समझदारी भरी सलाह मुफ़्त में मिलती है। और अरक़ाद हमेशा हमारा अच्छा मित्र रहा है। इस बात से कोई फ़र्क़ नहीं पड़ता है कि हमारे पर्स ख़ाली हैं। हमारी ग़रीबी अब हमें नहीं रोक सकती है। हम सोने की नगरी में ग़रीबों की तरह रहते-रहते तंग आ चुके हैं। हम अमीर बनना चाहते हैं। आओ, अरक़ाद के पास चलकर उससे यह सीखें कि हम अपनी आमदनी और दौलत कैसे बढ़ा सकते हैं।"

"तुमने मेरे दिल की बात कह दी। तुम्हारी बातों से मेरे मन में एक नया विचार आया है। अब मैं यह समझ गया हूँ कि हम कभी अमीर क्यों नहीं बन पाए। सच तो यह है कि आज से पहले हमने कभी अमीर बनना ही नहीं चाहा। तुम्हारा लक्ष्य यह था कि तुम बैबिलॉन के सबसे मज़बूत रथ बनाओगे और तुम लगन से उस दिशा में मेहनत करते रहे। तुमने अपने सर्वश्रेष्ठ प्रयास उस लक्ष्य को समर्पित कर दिए। इसलिए तुम उस काम में सफल हुए। मेरा लक्ष्य बेहतरीन संगीतकार बनना था और मैंने उस दिशा में मेहनत की। अंततः मैं अपने लक्ष्य तक पहुँचने में सफल हुआ।

"जिन लक्ष्यों की दिशा में हमने मेहनत की, उन तक पहुँचने में हमें सफलता मिली। देवताओं को इस स्थिति के यूँ ही चलने से कोई दिक्क़त नहीं है। बहरहाल, अब हमें उगते सूरज की किरण दिख गई है। यह हमें आमंत्रित कर रही है कि हम अमीर बनने का तरीक़ा सीखें। अगर हम

अमीर बनने का तरीक़ा सीख लेंगे, तो हमारी सारी इच्छाएँ चुटकी बजाते ही पूरी हो जाएँगी।"

बंज़िर ने आग्रह किया, "हम आज ही अरक़ाद के पास चलते हैं। इसके अलावा हम अपने बचपन के उन दोस्तों को भी ले चलेंगे, जिनका हाल भी हमारी ही तरह है। मैं चाहता हूँ कि वे भी अरक़ाद के ज्ञान का लाभ उठाएँ।"

"बंज़िर, तुम हमेशा अपने मित्रों का बहुत ख़्याल रखते हो। इसीलिए तुम्हारे इतने सारे मित्र हैं। तुम जैसा कहते हो, हम वैसा ही करेंगे। हम आज ही चलेंगे और अपने बचपन के मित्रों को भी साथ ले चलेंगे।"

✧ ✧ ✧

बैबिलॉन का सबसे अमीर आदमी

प्राचीन बैबिलॉन में कभी अरक़ाद नाम का बहुत अमीर आदमी रहता था। उसकी अपार दौलत के चर्चे दूर-दूर तक फैले थे। इसके अलावा उसकी उदारता भी मशहूर थी। वह दिल खोलकर दान देता था और परोपकार के काम करता था। वह अपने परिवार के प्रति भी उदार था और खुले हाथ से ख़र्च करता था। फिर भी हर साल वह जितना ख़र्च करता था, उसकी दौलत उससे ज़्यादा तेज़ी से बढ़ जाती थी।

उसके बचपन के कुछ मित्रों ने एक दिन उसके पास आकर कहा, "अरक़ाद, तुम हमसे ज़्यादा ख़ुशक़िस्मत हो। तुम बैबिलॉन के सबसे अमीर आदमी बन गए हो, जबकि हम मुश्किल से गुज़ारा कर पा रहे हैं। तुम बेहतरीन कपड़े पहन सकते हो और बेहतरीन भोजन का आनंद ले सकते हो, जबकि हमारा हाल यह है कि अगर हमारे परिवार को भरपेट भोजन और तन ढँकने को कपड़े मिल जाएँ, तो हमारी ख़ुशी का ठिकाना नहीं रहता है।

"परंतु कभी हम एक जैसे थे। हमें एक ही अध्यापक ने पढ़ाया है। हम एक साथ खेले हैं। पढ़ाई या खेल में तुम हमसे आगे नहीं थे। और इसके बाद भी कई साल तक तुम्हारी हालत हमसे बेहतर नहीं थी।"

"जहाँ तक हम जानते हैं, तुमने हमसे ज़्यादा कड़ी मेहनत भी नहीं की है। फिर ऐसा क्यों है कि क़िस्मत तुम पर मेहरबान हो गई और उसने तुम्हें ज़िंदगी की सारी ख़ुशियाँ दे दीं, जबकि उसने हमें नज़रअंदाज़ कर दिया, हालाँकि हम भी तुम्हारे ही जितने के हक़दार थे?"

इस पर अरक़ाद ने कहा, "अगर तुम लोगों को पैसे की दिक्क़त आ रही है, तो इसका कारण यह है कि या तो तुम दौलत इकट्ठी करने के नियमों को नहीं जान पाए हो, या फिर तुम उनका पालन नहीं करते हो।

"क़िस्मत एक ऐसी दुष्ट देवी है, जो किसी का भी स्थायी रूप से भला नहीं करती है। जिस पर भी यह बिना मेहनत के धन की बरसात कर देती है, वह लगभग हमेशा बर्बाद हो जाता है। उसकी मेहरबानी के बाद इंसान बेतहाशा ख़र्च करने लगता है और कुछ ही समय में अपनी सारी दौलत गँवा बैठता है। दौलत तो चली जाती है, परंतु उसके अंदर बहुत सी इच्छाओं की भूख बाक़ी रह जाती है, जिन्हें संतुष्ट करने का अब उसके पास साधन नहीं है। जिन लोगों पर क़िस्मत मेहरबान होती है, उनमें से कई कंजूस बन जाते हैं और अपनी दौलत को सेंतकर रखते हैं। वे ख़र्च करने से डरते हैं, क्योंकि वे जानते हैं कि अगर उनकी दौलत चली गई, तो इसके बाद उनमें दौलत कमाने की योग्यता नहीं है। इसके अलावा उन्हें चोरों और डाकुओं का डर भी सताता है। इस तरह उनकी ज़िंदगी खोखली और कष्टकारी हो जाती है।"

"शायद ऐसे लोग भी होंगे, जो मेहनत के बिना कमाई दौलत को लेकर उसे बढ़ा लें और सुखी नागरिक के रूप में जीवन जिएँ। परंतु ऐसे लोग बहुत कम होंगे। मैंने आज तक ऐसे किसी व्यक्ति को नहीं देखा है, हालाँकि मैंने इस बारे में कई अफ़वाहें ज़रूर सुनी हैं। अगर तुम लोगों को यक़ीन नहीं हो रहा हो, तो अपनी जान-पहचान के उन लोगों के बारे में

सोचो, जिन्हें विरासत में अचानक दौलत मिली थी। क्या ऐसा ही नहीं होता है?"

अरक़ाद के मित्रों ने स्वीकार किया कि जिन लोगों को विरासत में दौलत मिली थी, उनके बारे में यह सच था। परंतु मित्रों ने अरक़ाद से कहा कि वह अपने दौलतमंद बनने की कहानी विस्तार से बताए। इसके जवाब में अरक़ाद बोला,

"अपनी जवानी में मैंने अपने चारों तरफ़ सुख और संतुष्टि देने वाली बहुत सी अच्छी चीज़ें देखीं। इसके बाद मैंने यह भी देखा कि दौलत इन सबकी शक्ति को बढ़ा देती है।"

"दौलत में शक्ति होती है। दौलत हो, तो बहुत सी चीज़ें संभव हैं।"

"आप अपने घर को सबसे महँगे सामान से सजा सकते हैं।"

"आप दूर देशों की यात्रा कर सकते हैं।"

"आप दूर के देशों के जायकेदार व्यंजनों का स्वाद चख सकते हैं।"

"आप सुनार और जौहरी से आभूषण ख़रीद सकते हैं।"

"आप ईश्वर के भव्य मंदिर भी बनवा सकते हैं।"

"आप ये सारे काम कर सकते हैं और इसके अलावा अनेक ऐसे काम कर सकते हैं, जिनसे इंद्रियों को आनंद तथा आत्मा को सुख मिले।"

"और जब मुझे इन सब बातों का एहसास हुआ, तो मैंने यह संकल्प किया कि मैं ज़िंदगी की तमाम अच्छी चीज़ें हासिल करके रहूँगा। मैं उन लोगों जैसा नहीं बनूँगा, जो दूर खड़े रहते हैं और सुखी लोगों से ईर्ष्या करते हैं। मैं सस्ते कपड़ों में संतुष्ट नहीं रहूँगा, जिनमें लोग सम्मानजनक दिखने की कोशिश करते हैं। मैं ग़रीब आदमी की ज़िंदगी से संतुष्ट नहीं रहूँगा। इसके विपरीत, मैं बेहतरीन चीज़ों के इस जश्न में ख़ुद को एक सम्मानित अतिथि बनाऊँगा।"

"जैसा तुम लोग जानते हो, मेरे पिता एक छोटे व्यापारी थे और

हमारा परिवार बड़ा था, इसलिए मुझे विरासत में कुछ मिलने की ज़रा भी उम्मीद नहीं थी। जैसा तुम लोगों ने कहा है, मुझमें तीव्र बुद्धि या विशेष योग्यता भी नहीं थी। इसलिए मैंने फ़ैसला किया कि अगर मैं अपनी इच्छा पूरी करना चाहता हूँ, तो इसके लिए मुझे समय और ज्ञान की ज़रूरत है।"

"जहाँ तक समय का सवाल है, यह सबके पास प्रचुरता में होता है। तुम सबके पास दौलतमंद बनने के लिए काफ़ी समय था, जिसे तुमने बर्बाद कर दिया है। तुम लोगों के अनुसार तुम्हारे पास संपत्ति के नाम पर सिर्फ़ तुम्हारे परिवार हैं, जो सचमुच गर्व करने लायक हैं।"

"जहाँ तक ज्ञान का सवाल है, तुम्हें याद होगा, हमारे बुद्धिमान अध्यापक ने हम सबको यह सिखाया था कि ज्ञान दो तरह का होता है : एक तरह का ज्ञान वह होता है, जो हम सीखते और जानते हैं। और दूसरी तरह का ज्ञान यह प्रशिक्षण है कि हम उस चीज़ का पता कैसे लगाएँ, जिसे हम नहीं जानते हैं?"

"इसलिए मैंने यह पता लगाने का फ़ैसला किया कि दौलत का संग्रह कैसे किया जा सकता है। मैंने यह संकल्प किया कि इसका तरीक़ा मालूम होते ही मैं दौलत का संग्रह करने में जुट जाऊँगा और इस काम को अच्छी तरह करूँगा। समझदारी इसी में है कि जब तक हम इस दुनिया में हैं, तब तक ज़िंदगी का आनंद लें, क्योंकि इस दुनिया से जाने के बाद हमें पर्याप्त दुख मिलेंगे।"

"मुझे रिकॉर्ड रूम में नक़लनवीस का काम मिल गया। मैं हर दिन कई घंटों तक मृदापत्र (मिट्टी की टेबलेट्स) पर मेहनत से लिखता रहा। महीनों मेहनत करने के बावज़ूद मैं दौलत के नाम पर कुछ भी इकट्ठा नहीं कर पाया। भोजन, कपड़े, देवताओं के प्रायश्चित और न जाने कितनी चीज़ों पर मेरी सारी कमाई ख़र्च हो जाती थी। लेकिन इसके बावज़ूद मेरा संकल्प कम नहीं हुआ।"

फिर एक दिन साहूकार अल्गोमिश सिटी मास्टर के घर पर आए। उन्होंने नवें नियम की नक़ल माँगी और मुझसे कहा, 'मुझे यह दो दिन में

चाहिए, और अगर यह काम उस समय तक पूरा हो गया, तो मैं तुम्हें ताँबे के दो सिक्के दूँगा।'

मैंने कड़ी मेहनत की, परंतु वह नियम लंबा था और जब अल्गोमिश आए, तो काम अधूरा पड़ा था। वे नाराज़ होकर बोले कि अगर मैं उनका ग़ुलाम होता, तो वे मेरी खाल उधेड़ लेते। बहरहाल, मैं जानता था कि सिटी मास्टर उन्हें मुझ पर हाथ नहीं उठाने देंगे, इसलिए मुझे इस बात का डर नहीं था। मैंने उनसे कहा, 'अल्गोमिश, आप बहुत अमीर हैं। मुझे बताएँ कि मैं भी अमीर कैसे बन सकता हूँ। अगर आप ऐसा करने का वायदा करें, तो मैं सारी रात मृदापत्र पर लिखूँगा और सूरज उगने तक आपका काम पूरा हो जाएगा।'

वे मेरी तरफ़ देखकर मुस्कराए और बोले, 'तुम बहुत ही दुस्साहसी हो, परंतु मुझे यह सौदा मंज़ूर है।'

"मैं पूरी रात लिखता रहा, हालाँकि मेरी कमर में दर्द हो रहा था, तेल की बदबू से मेरा सिर घूम रहा था और मेरी आँखों के सामने अँधेरा छा रहा था। लेकिन जब वे सुबह आए, तो नियम की पूरी नक़ल तैयार हो चुकी थी।"

फिर मैंने उनसे कहा, 'अब आप अपना वायदा पूरा करें।'

"वे दयालुता से बोले, 'तुमने सौदे का अपनी तरफ़ वाला हिस्सा पूरा कर लिया है, बेटे! और मैं अपना हिस्सा पूरा करने के लिए तैयार हूँ। मैं तुम्हें वे सब बातें बताऊँगा, जो तुम जानना चाहते हो, क्योंकि मैं बूढ़ा हो रहा हूँ और बूढ़े लोगों को मुँह चलाना अच्छा लगता है। जब युवक बूढ़े लोगों के पास सलाह लेने आते हैं, तो उन्हें अनुभव से हासिल ज्ञान मिलता है। परंतु अक्सर युवक यह मान लेते हैं कि बूढ़े लोगों के पास जो ज्ञान है, वह गुज़रे जमाने का ज्ञान है और वर्तमान में उससे कोई लाभ नहीं होगा। यही वजह है कि वे उस ज्ञान का लाभ नहीं उठाते हैं। मगर एक बात हमेशा याद रखना, आज जो सूरज चमक रहा है, यह वही सूरज है जो तुम्हारे पिता के जमाने में चमकता था और यह सूरज तब भी

चमकता रहेगा, जब तुम्हारे नाती-पोते इस दुनिया से चले जाएँगे।'"

"उन्होंने आगे कहा, 'युवाओं के विचार उन धूमकेतुओं की तरह होते हैं, जो अक्सर आसमान को चमकदार बना देते हैं, जबकि बुढ़ापे का ज्ञान सितारों की तरह होता है, जिनकी चमक में कोई फ़र्क़ नहीं आता है। इसीलिए समुद्री यात्रा करने वाले लोग सितारों के आधार पर अपनी दिशा निर्धारित करते हैं, धूमकेतुओं के आधार पर नहीं करते।"

"मेरे शब्दों को अच्छी तरह से गाँठ बाँध लो, क्योंकि अगर तुम मेरी बातों में छिपी सच्चाई को नहीं समझ पाओगे, तो तुम्हें लगेगा कि तुम्हारी रात भर की मेहनत बेकार चली गई।"

फिर उन्होंने अपनी मोटी भौंह के नीचे से मुझ पर तीखी निगाह डाली। इसके बाद वे धीमे परंतु सशक्त लहज़े में बोले, 'मैं दौलत की राह पर तब पहुँचा, जब मैंने यह फ़ैसला किया कि *मैं अपनी कमाई का एक हिस्सा ख़ुद रखूँगा।* अगर तुम भी ऐसा ही करो, तो तुम भी दौलत की राह पर पहुँच जाओगे।'

फिर वे मेरी तरफ़ पैनी निगाह से देखते रहे, पर बोले कुछ नहीं।

मैंने पूछा, 'बस इतना ही?'

उन्होंने जवाब दिया, 'भेड़ चराने वाले किशोर को साहूकार में बदलने के लिए बस इतना ही काफ़ी था।'

मैंने पूछा, 'परंतु मैं जितना कमाता हूँ, वह सब मैं ही तो रखता हूँ। क्या यह सच नहीं है?'

उन्होंने कहा, 'बिलकुल नहीं है। क्या तुम दर्जी को पैसे नहीं देते हो? क्या तुम मोची को पैसे नहीं देते हो? क्या तुम भोजन पर ख़र्च नहीं करते हो? क्या तुम बैबिलॉन में बिना ख़र्च किए ज़िंदा रह सकते हो? तुम्हारी पिछले महीने की कमाई कहाँ है? पिछले साल की कमाई? मूर्ख! तुम बाक़ी सबको पैसे देते हो, परंतु ख़ुद को नहीं देते हो। बेवक़ूफ़, तुम अपने लिए नहीं, दूसरों के लिए मेहनत करते हो। इससे अच्छा तो यह है

कि तुम ग़ुलाम बन जाओ और मालिक तुम्हारी मेहनत के बदले में तुम्हें खाने तथा पहनने को दे। अगर तुम अपनी कमाई का दसवाँ हिस्सा अपने पास रखोगे, तो तुम्हारे पास दस साल में कितनी दौलत जमा हो जाएगी?'

मेरा गणित ठीक-ठाक था, इसलिए मैंने तत्काल जवाब दिया, 'मेरी एक साल की आमदनी के बराबर।'

वे बोले, 'तुम्हारी बात आधी सच है। देखो, तुम जो भी स्वर्ण मुद्रा बचाते हो, वह तुम्हारी ग़ुलाम बनकर तुम्हारे लिए काम करती है। यह स्वर्ण मुद्रा जितने भी ताँबे के सिक्के कमाती है, वे सब इसकी संतानें हैं और वे भी तुम्हारे लिए धन कमा सकते हैं। अगर तुम दौलतमंद बनना चाहते हो, तो तुम्हें अपनी बचत का निवेश करना चाहिए, ताकि तुम्हारी बचत और इसकी संतानें धन कमाएँ तथा तुम्हें तुम्हारी मनचाही दौलत प्रदान करें।'

उन्होंने आगे कहा, 'तुम्हें शायद यह लग रहा होगा कि मैं तुम्हारी रात भर की मेहनत के बदले में तुम्हें ग़लत सलाह दे रहा हूँ। परंतु यक़ीन करो, मैं तुम्हें हज़ार गुना ज़्यादा भुगतान कर रहा हूँ, बशर्ते तुममें मेरी बातों के पीछे छिपी सच्चाई को समझने की बुद्धि हो।'

अपनी कमाई का एक हिस्सा ख़ुद रखो। चाहे तुम्हारी कमाई कितनी ही कम क्यों न हो, तुम्हें इसके दसवें हिस्से यानी दस प्रतिशत से कम नहीं बचाना चाहिए। तुम इससे जितना ज़्यादा बचा सकते हो, बचा लो। सबसे पहले ख़ुद को भुगतान करो। बची हुई कमाई में अपना ख़र्च चलाओ। दर्ज़ी और मोची से इतना सामान मत ख़रीदो कि तुम अपनी बची हुई आमदनी में से उनका भुगतान न कर पाओ। इसके अलावा, तुम्हें बची हुई कमाई में से ही भोजन, परोपकार और ईश्वर के प्रायश्चित के लिए भी ख़र्च करना होगा।

"पेड़ की तरह ही दौलत भी एक छोटे से बीज से उगती है। तुम्हारे द्वारा बचाया गया ताँबे का पहला सिक्का वह बीज है, जिससे तुम्हारी

दौलत का पेड़ उगेगा। जितनी जल्दी तुम यह बीज बो दोगे, पेड़ उतनी ही जल्दी उगेगा। तुम जितनी निष्ठा और निरंतरता से उस पेड़ में अपनी बचत का पानी सींचोगे, उतनी ही जल्दी तुम उसकी छाया के नीचे आराम कर सकते हो।"

यह कहकर उन्होंने अपने मृदापत्र उठाए और चले गए।

मैंने उनकी सलाह पर काफ़ी समय तक विचार किया और वह मुझे तर्कपूर्ण लगी। इसलिए मैंने उस पर अमल करने का फ़ैसला किया। जब भी मैं कुछ कमाता था, तो ताँबे के दस सिक्कों में से एक निकालकर अलग रख देता था। और अजीब बात यह थी कि मुझे ख़र्च चलाने में पहले से ज़्यादा दिक्क़त नहीं हुई। मुझे कोई फ़र्क़ महसूस नहीं हुआ और मैं अपनी आमदनी के दसवें हिस्से के बिना ही गुज़ारा करने लगा। धीरे-धीरे मेरी बचत का आकार बढ़ने लगा। अपनी बढ़ती बचत को देखकर मेरा मन ललचाता था कि मैं इसे ख़र्च करके व्यापारियों से वे अच्छी-अच्छी चीज़ें ख़रीद लूँ, जो ऊँटों और जहाज़ों से फ़ीनिशियन्स के देश से आती हैं। परंतु मैंने समझदारी से काम लिया और ऐसा नहीं किया।

एक साल बाद अल्गोमिश दुबारा आए और उन्होंने मुझसे पूछा, 'बेटे, तुमने पिछले साल जितना कमाया है, क्या तुमने उसका कम से कम दसवाँ हिस्सा अपने लिए बचाया है?'

मैंने गर्व से जवाब दिया, 'हाँ, मैंने ऐसा किया है।'

उन्होंने मुस्कराकर कहा, 'यह तो बहुत अच्छी बात है। और तुमने उस पैसे का क्या किया?'

"मैंने इसे ईंट बनाने वाले अज़मर को दे दिया, जिसने मुझसे कहा था कि वह दूर देशों की यात्रा करने जा रहा है और वह टायर से मेरे लिए फ़ीनिशियन्स के दुर्लभ रत्न ख़रीद लाएगा। उसके लौटने के बाद हम उन रत्नों को ज़्यादा क़ीमत पर बेचकर मुनाफ़ा कमाएँगे और मुनाफ़े को आपस में बाँट लेंगे।"

वे गुर्राकर बोले, 'हर मूर्ख अपनी ही ग़लती से सीखता है। परंतु तुमने रत्नों के बारे में ईंट बनाने वाले पर भरोसा क्यों किया? क्या तुम ब्रेड बनाने वाले से ज्योतिष की भविष्यवाणी पूछते हो? नहीं, अगर तुममें ज़रा भी बुद्धि है, तो तुम इसके लिए ज्योतिषी के पास जाते हो। तुम्हारी पूरी बचत अब चली गई है बेटे, तुमने अपनी दौलत के पेड़ को जड़ से उखाड़ दिया है। परंतु तुम इसे दुबारा बो सकते हो। दुबारा कोशिश करो। और अगली बार अगर तुम्हें रत्नों के बारे में सलाह की ज़रूरत हो, तो जौहरी के पास जाना। अगर तुम्हें भेड़ों के बारे में सच्चाई जानना हो, तो गड़रिए के पास जाना। सलाह एक ऐसी चीज़ है, जिसे लोग मुफ़्त में बाँटते हैं, परंतु इस बारे में सतर्क रहने की ज़रूरत है। वही सलाह मानो, जो मानने योग्य हो। जो व्यक्ति अपनी बचत के बारे में अनुभवहीन व्यक्तियों से सलाह लेता है, वह ग़लत सलाह के कारण अपनी बचत गँवा देता है।' इतना कहकर वे चले गए।

और जैसा उन्होंने कहा था, वैसा ही हुआ। क्योंकि बदमाश फ़ीनिशियन्स ने अज़मर को रत्नों की तरह दिखने वाले काँच के सस्ते टुकड़े पकड़ा दिए। परंतु जैसा अल्गोमिश ने मुझसे कहा था, मैंने दुबारा अपनी कमाई का दसवाँ हिस्सा बचाया। अब मेरी बचत करने की आदत पड़ चुकी थी, इसलिए यह काम मुश्किल नहीं था।

एक साल बाद अल्गोमिश फिर से नक़लनवीसों के कमरे में आए और मुझसे पूछने लगे, 'हमारी पिछली मुलाक़ात के बाद तुमने कितनी तरक्की कर ली है?'

मैंने जवाब दिया, 'मैंने ख़ुद को भुगतान किया है और अपनी आमदनी का दसवाँ हिस्सा बचाया है। मैंने अपनी बचत ढाल बनाने वाले अग़र को काँसा ख़रीदने के लिए दे दी है। वह मुझे हर चौथे महीने ब्याज देता है।'

"यह तुमने अच्छा किया। परंतु यह तो बताओ, तुम उस ब्याज का क्या करते हो?"

"मैं उससे बेहतरीन जश्न मनाता हूँ। मैं शहद, बेहतरीन शराब और केक का लुत्फ़ उठाता हूँ। मैंने एक लाल जैकेट भी ख़रीद ली है। और जल्दी ही मैं सवारी करने के लिए एक खच्चर भी ख़रीदने वाला हूँ।"

इस पर अल्गोमिश हँसे, 'तुम अपनी बचत की संतानों को खा रहे हो। फिर तुम यह उम्मीद कैसे कर सकते हो कि वे तुम्हारे लिए काम करेंगी। और फिर उनकी संतानें कैसे होंगी, जो तुम्हारे लिए काम कर सकें? सबसे पहले सिक्कों के ग़ुलामों की सेना बनाओ। इसके बाद तुम बिना पछताए बेहतरीन जश्न मना सकते हो।' इतना कहकर वे चले गए।

इसके बाद मैंने उन्हें दो साल बाद देखा। बुढ़ापे के कारण उनके चेहरे पर झुर्रियाँ पड़ चुकी थीं और उनके कंधे झुक गए थे। उन्होंने मुझसे पूछा, 'अरक़ाद, क्या तुम्हें वह दौलत मिल चुकी है, जिसका तुमने सपना देखा था?'

मैंने जवाब दिया, 'उतनी तो नहीं मिली, जितनी मैं चाहता था, परंतु मेरे पास कुछ संपत्ति जमा हो गई है। यह संपत्ति ब्याज कमाती है तथा इसका ब्याज और ब्याज कमाता है।'

"और क्या तुम अब भी ईंट बनाने वालों से सलाह लेते हो?"

मैंने जवाब में कहा, "ईंटों के बारे में वे अच्छी सलाह देते हैं।"

यह सुनकर वे बोले, 'अरक़ाद, तुमने मेरे सबक़ अच्छी तरह से सीख लिए हैं। पहले तो तुमने यह सीखा कि अपनी आमदनी से कम में अपना ख़र्च कैसे चलाया जाए। फिर तुमने उन लोगों से सलाह लेना सीखा, जो उस क्षेत्र का अनुभव और ज्ञान रखते हों। और अंत में तुमने यह सीखा कि धन से अपने लिए काम कैसे करवाया जाता है।

"तुमने यह सीख लिया है कि धन को कैसे हासिल किया जाता है, इसे अपने पास कैसे रखा जाता है और इसका प्रयोग कैसे किया जाता है। इसलिए तुम ज़िम्मेदारी का पद सँभालने के योग्य बन चुके हो। मैं अब बूढ़ा हो रहा हूँ। मेरे पुत्र हमेशा ख़र्च करने की योजनाएँ बनाते रहते हैं

और कमाने के बारे में ज़रा भी नहीं सोचते हैं। मेरी जायदाद बहुत फैली हुई है और मैं उसे नहीं सँभाल सकता हूँ, क्योंकि अब मैं बूढ़ा हो चुका हूँ। अगर तुम निप्पर जाकर मेरी जायदाद सँभाल लो, तो मैं तुम्हें अपना पार्टनर बना लूँगा।"

"इस तरह मैंने निप्पर जाकर उनकी जायदाद सँभाल ली, जो काफ़ी बड़ी थी। चूँकि मुझमें प्रबल महत्वाकांक्षा थी और मैंने दौलत सँभालने के तीन नियमों में निपुणता हासिल कर ली थी, इसलिए मैंने उनकी जायदाद के लाभ को बहुत बढ़ा लिया। परिणाम यह हुआ कि मेरे पास काफ़ी पैसा आ गया और जब अल्गेमिश इस दुनिया से चले गए, तो मुझे उनकी वसीयत के मुताबिक़ उनकी जायदाद का कुछ हिस्सा भी मिल गया।"

अरक़ाद ने जब अपनी कहानी ख़त्म की, तो एक मित्र ने कहा, "तुम सचमुच ख़ुशक़िस्मत थे कि अल्गेमिश ने तुम्हें अपना वारिस बनाया।"

"मैं सिर्फ़ इस मामले में ख़ुशक़िस्मत था कि उनसे मिलने से पहले मेरे मन में दौलतमंद बनने की इच्छा थी। क्या मैंने चार साल तक अपनी आमदनी का दसवाँ हिस्सा बचाकर यह साबित नहीं किया था कि मुझमें अपने लक्ष्य तक पहुँचने की लगन थी? क्या आप उस सफल मछुआरे को ख़ुशक़िस्मत कहेंगे, जिसने बरसों तक मछलियों की आदतों का अध्ययन किया है, ताकि वह हर बदलती हवा के साथ उन पर अपना जाल फेंक सके? अवसर एक घमंडी देवता है, जो उन लोगों पर समय बर्बाद नहीं करता, जो तैयार न हों।"

एक और मित्र बोला, "आपमें इतनी दृढ़ इच्छाशक्ति थी कि आप पहले साल की बचत डूबने के बाद भी यह काम करते रहे। इस मामले में आप असाधारण हैं।"

अरक़ाद ने कहा, "इच्छाशक्ति! बकवास! क्या तुम्हें लगता है कि इच्छाशक्ति मनुष्य को वह बोझ उठाने की शक्ति दे सकती है, जो ऊँट

नहीं उठा सकता? क्या इच्छाशक्ति मनुष्य को वह भारी बैलगाड़ी खींचने की शक्ति दे सकती है, जिसे बैल नहीं हिला सकता? इच्छाशक्ति और कुछ नहीं, बल्कि वह काम करने का दृढ़ संकल्प है, जिसे पूरा करने का आपने फ़ैसला किया है। अगर मैंने कोई काम करने का फ़ैसला किया है, तो चाहे वह कितना ही छोटा क्यों न हो, मैं उसे पूरा करता हूँ। वरना मुझमें महत्वपूर्ण काम करने के लिए आत्मविश्वास कैसे आएगा? अगर मैं ख़ुद से यह कहूँ, 'शहर जाने वाले पुल को पार करते समय मैं सौ दिन तक हर दिन सड़क से एक कंकड़ उठाकर नदी में डालूँगा,' तो मैं ऐसा हर दिन करूँगा। अगर सातवें दिन पुल पार करते समय मैं कंकड़ डालना भूल जाऊँ, तो मैं लौटकर यह नहीं कहूँगा, 'कल मैं दो कंकड़ डाल दूँगा। इससे कोई फ़र्क़ नहीं पड़ेगा।' नहीं, मैं दुबारा पुल तक जाऊँगा और कंकड़ डालूँगा। न ही बीसवें दिन मैं ख़ुद से यह कहूँगा, 'अरक़ाद, यह बेकार का काम है। हर दिन एक कंकड़ डालने से क्या फ़ायदा होगा? इससे अच्छा तो यह है कि मुट्ठी भर कंकड़ उठाकर नदी में एक साथ डाल दो और इस झंझट को ख़त्म करो।' नहीं, मैं ऐसा नहीं कहूँगा, मैं ऐसा नहीं करूँगा। जब मैं किसी काम को करने का फ़ैसला करता हूँ, तो मैं उसे पूरा करके ही दम लेता हूँ। इसलिए मैं इस बात का ध्यान रखता हूँ कि मैं कठिन और अव्यावहारिक काम शुरू न करूँ, क्योंकि मुझे फ़ुरसत में रहना और आराम करना पसंद है।"

फिर एक और मित्र बोला, "आपकी बातें तर्कपूर्ण हैं। और अगर ये सच हैं, तो यह काम बहुत आसान है। अगर सब लोग ऐसा ही करने लगें, तो फिर दौलत इस हाथ से उस हाथ तक कैसे पहुँच पाएगी?"

अरक़ाद ने जवाब दिया, "जहाँ भी मनुष्य श्रम करते हैं, वहाँ दौलत बढ़ती है। अगर कोई अमीर आदमी एक नया महल बनाता है, तो क्या उसका ख़र्च किया हुआ पैसा ग़ायब हो जाता है? नहीं, ईंट वाले को इसका एक हिस्सा मिलता है, मज़दूरों को इसका एक हिस्सा मिलता है, कारीगर को इसका एक हिस्सा मिलता है। जो भी उस महल को बनाने में मेहनत करता है, उसे उस धन में से हिस्सा मिलता है। और जब महल

बनकर तैयार हो जाता है, तो क्या यह इसकी लागत जितना मूल्यवान नहीं होता है? क्या महल बनने के कारण उस भूमि का मूल्य नहीं बढ़ जाता है, जिस पर यह बना है? और क्या महल बनने के कारण इसके पास वाली भूमि की क़ीमत भी नहीं बढ़ जाती है? दौलत जादुई तरीक़े से बढ़ती है। कोई भी व्यक्ति इसकी सीमा की भविष्यवाणी नहीं कर सकता। फ़ीनिशियन्स के समुद्री जहाज़ दूसरे देशों के व्यापार से जो धन कमाकर लाते हैं, क्या उस धन से उन्होंने वीरान समुद्री तटों पर बड़े शहर नहीं बना लिए हैं?"

एक और मित्र ने पूछा, "तो फिर आप हमें अमीर बनने के लिए क्या करने की सलाह देते हैं? हमारे बहुत साल बर्बाद हो चुके हैं। हमारी जवानी चली गई है। और हमारे पास बचत के नाम पर कुछ भी नहीं है।"

मैं सलाह देता हूँ कि आप अल्गोमिश की समझदारी से सीख लें और ख़ुद से कहें, *'मैं जितना कमाऊँगा, उसका एक हिस्सा ख़ुद रखूँगा।'* इस वाक्य को सुबह उठते समय दोहराएँ। इसे दोपहर में दोहराएँ। इसे रात में दोहराएँ। इसे हर दिन, हर घंटे दोहराएँ। आप ख़ुद से तब तक यह कहते रहें, जब तक कि ये शब्द आसमान में आग के अक्षरों की तरह साफ़ नज़र न आने लगें।

अपने मन पर इस विचार की मोहर लगा लें। अपने मस्तिष्क में इस विचार को भर लें। फिर आमदनी का जितना हिस्सा तर्कसंगत लगता हो, उतना बचाएँ। आपकी यह बचत आपकी आमदनी के दसवें हिस्से यानी दस प्रतिशत से कम नहीं होना चाहिए। फिर इस हिस्से को अलग रख दें। अगर आवश्यक हो, तो अपने बाक़ी ख़र्च कम कर दें। परंतु सबसे पहले दसवें हिस्से को अलग रख दें। जल्दी ही आप ख़ुद को एक ऐसे ख़ज़ाने का स्वामी पाएँगे, जिस पर सिर्फ़ आपका हक़ होगा। इससे आपको बहुत सुख मिलेगा। जब आपका ख़ज़ाना बढ़ेगा, तो इससे आपको प्रेरणा मिलेगी। ज़िंदगी का एक नया आनंद आपको रोमांचित करेगा। फिर आप ज़्यादा कमाने के लिए ज़्यादा कोशिश करेंगे, क्योंकि आपकी आमदनी जितनी बढ़ेगी, आपकी बचत भी उतनी ही बढ़ेगी।

इस्के बाद अपने ख़ज़ाने से अपने लिए काम करवाना सीखें। इसे अपना ग़ुलाम बनाएँ। इसकी संतानों और इसकी संतानों की संतानों से अपने लिए काम करवाएँ।

भविष्य की आमदनी सुनिश्चित कर लें। बूढ़े लोगों को देखें और यह याद रखें कि किसी दिन आपकी गिनती भी इन्हीं लोगों में होगी। इसलिए अपने ख़ज़ाने का निवेश बहुत सावधानी से करें, ताकि आप इसे गँवा न दें। बदले में बहुत ज़्यादा मुनाफ़ा वह धोखेबाज़ जलपरी है, जो अपने मधुर गीत से असावधान व्यक्ति को मोहित करके चट्टानों की ओर आकर्षित करती है, जहाँ वह नुक़सान और पश्चाताप की चट्टानों से टकराकर ध्वस्त हो जाता है।

इस बात की व्यवस्था भी कर लें कि अगर देवता आपको अपने पास बुला लें, तो आपके परिवार पर आर्थिक संकट न आए। समय-समय पर बीमे का थोड़ा भुगतान करने से ऐसी सुरक्षित व्यवस्था करना संभव है। इसलिए समझदार व्यक्ति ऐसे समझदारीपूर्ण उद्‌देश्य के लिए धन ख़र्च करने में देर नहीं करता है।

बुद्धिमान लोगों से सलाह लें। धन संबंधी काम करने वाले लोगों से सलाह लें। वे आपको उस तरह की ग़लती से बचा लेंगे, जो मैंने अपने धन को ईंट बनाने वाले अज़मर के हवाले करते समय की थी। कम परंतु सुरक्षित लाभ जोखिम लेने से बेहतर है।

"जब तक आप इस दुनिया में हैं, इसका आनंद लें। अपनी क्षमता से ज़्यादा मेहनत न करें। बहुत ज़्यादा धन बचाने की कोशिश भी न करें। अगर आप अपनी आमदनी के दसवें हिस्से को आराम से बचा सकते हैं, तो इतना बचाकर ही संतुष्ट रहें। इसके अलावा, अपनी आमदनी के हिसाब से ज़िंदगी गुज़ारें। बहुत ज़्यादा कंजूस न बनें, न ही ख़र्च करने से डरें। ज़िंदगी बहुत अच्छी है और ज़िंदगी में ऐसी बहुत सी चीज़ें हैं, जिनका आनंद लिया जाना चाहिए।"

अरक़ाद के मित्रों ने उसे धन्यवाद देकर उससे विदा ली। लौटते

समय कुछ मित्र तो ख़ामोश थे, क्योंकि उनमें कल्पनाशक्ति नहीं थी और वे अरक़ाद की बातों का पूरा मतलब नहीं समझ पाए थे। कुछ आलोचना कर रहे थे, क्योंकि वे सोच रहे थे कि इतने अमीर आदमी को अपनी दौलत का कुछ हिस्सा अपने ग़रीब दोस्तों में बाँट देना चाहिए। परंतु कुछ की आँखों में एक नई चमक थी। वे जानते थे कि अल्ग़ोमिश हर बार नक़लनवीसों के कमरे में लौटा था, क्योंकि वह अरक़ाद को अंधकार से निकलकर प्रकाश की ओर जाते देख रहा था। जब अरक़ाद को ज्ञान का प्रकाश मिल गया, तो एक अवसर, एक पद उसका इंतज़ार कर रहा था। कोई भी उस जगह को नहीं भर सकता था, जब तक कि वह अपने ज्ञान को बढ़ा न ले और अवसर के लिए तैयार न हो।

बाद वाले लोग कई सालों तक अरक़ाद से बार-बार मिलने गए, जिसने ख़ुशी से उनका स्वागत किया। उसने उन्हें काफ़ी समझदारी भरी सलाह दी, जैसा अनुभवी लोग हमेशा ख़ुशी-ख़ुशी करते हैं। और उसने उनकी बचत के निवेश में मदद भी की, ताकि उन्हें सुरक्षित ब्याज मिल सके और उनका मूलधन सुरक्षित रहे या वे ऐसे निवेशों में न उलझ जाए, जिनमें उन्हें कोई लाभ न हो।

इन लोगों की ज़िंदगी में बदलाव का क्षण उस दिन आया, जब उन्हें उस सत्य का एहसास हुआ, जो अल्ग़ोमिश से अरक़ाद ने और अरक़ाद से उन्होंने सीखा था।

अपनी आमदनी का दसवाँ हिस्सा ख़ुद के लिए बचाकर अलग रखें।

✧ ✧ ✧

ख़ाली पर्स के सात इलाज

बैबिलॉन बहुत ही समृद्ध शहर था। इतने युगों बाद भी यह दुनिया के सबसे समृद्ध शहर के रूप में मशहूर है, जिसका ख़ज़ाना हमेशा भरा रहता था।

परंतु हमेशा से ऐसा नहीं था। बैबिलॉन की अमीरी का कारण यह था कि इसके नागरिक बुद्धिमान थे। उन्होंने अमीर बनने का फ़ॉर्मूला सीख लिया था।

जब सम्राट सार्गन अपने शत्रुओं को पराजित करने के बाद बैबिलॉन लौटे, तो उन्हें एक गंभीर स्थिति का सामना करना पड़ा। उनके वज़ीर ने उन्हें बताया,

"महामहिम ने सिंचाई के लिए बड़ी नहरें और पूजा-अर्चना के लिए ऊँचे मंदिर बनवाए, जिस वजह से प्रजाजन कई साल तक समृद्ध रहे। परंतु अब ये काम पूरे हो गए हैं, इसलिए ज़्यादातर नागरिक अपनी

गुज़र-बसर नहीं कर पा रहे हैं।"

"मज़दूर बेरोज़गार हैं। व्यापारियों की ग्राहकी बहुत कम हो गई है। किसानों की फ़सल नहीं बिक रही है। लोगों के पास सामान ख़रीदने के लिए पर्याप्त धन नहीं है।"

राजा ने पूछा, "हमने नहर और मंदिर बनवाने में इतना सारा धन ख़र्च किया था। आख़िर वह धन गया कहाँ?"

वज़ीर ने कहा, "महाराज, वह धन हमारे शहर के मुट्ठी भर अमीर लोगों के पास चला गया है। वह धन हमारे अधिकांश नागरिकों की उँगलियों में से उसी तरह फिसल गया, जिस तरह बकरी का दूध छलनी में से फिसल जाता है। चूँकि अब धन की नदियाँ बहना बंद हो गई हैं, इसलिए ज़्यादातर लोगों की आमदनी भी ख़त्म हो गई है।"

सम्राट कुछ समय तक सोचते रहे। फिर उन्होंने पूछा, "इतना सारा धन मुट्ठी भर लोगों के पास कैसे चला गया?"

वज़ीर ने जवाब दिया, "क्योंकि वे इसका तरीक़ा जानते थे। हम सफल लोगों की इस कारण निंदा नहीं कर सकते, क्योंकि वे सफल होने का तरीक़ा जानते हैं। इसके अलावा यह भी उचित नहीं होगा कि वैध रूप से कमाए धन को ज़बर्दस्ती छीनकर कम योग्य व्यक्तियों में बाँट दिया जाए।"

सम्राट ने पूछा, "सब लोग यह क्यों नहीं सीखते कि धन इकट्ठा कैसे किया जाता है, ताकि मेरे शहर का हर आदमी अमीर बन जाए? क्या यह संभव नहीं है?"

"बिल्कुल संभव है, महाराज। परंतु उन्हें सिखाएगा कौन? पुरोहित और पुजारी तो निश्चित रूप से ऐसा नहीं कर सकते, क्योंकि उन्हें धन कमाने के बारे में रत्ती भर भी ज्ञान नहीं है।"

सम्राट ने पूछा, "वज़ीर, दौलतमंद बनने का तरीक़ा हमारे शहर में सबसे अच्छी तरह कौन जानता है?"

"आपके सवाल में ही जवाब छिपा है, महाराज। बैबिलॉन में सबसे ज़्यादा दौलत किसके पास है?"

"मेरे क़ाबिल वज़ीर, तुमने बहुत अच्छी बात कही है। अरक़ाद के सिवा और कौन हो सकता है। वह बैबिलॉन का सबसे अमीर आदमी है। उसे कल मेरे सामने पेश करो।"

अगले दिन सम्राट के आदेश के अनुसार अरक़ाद उनके सामने उपस्थित हुआ। हालाँकि उसकी उम्र सत्तर वर्ष हो चुकी थी, परंतु वह अब भी चुस्त और फ़ुर्तीला था।

सम्राट ने कहा, "अरक़ाद, क्या यह सच है कि तुम बैबिलॉन के सबसे अमीर आदमी हो?"

"लोग ऐसा कहते हैं, महामहिम, और कोई भी इसका विरोध नहीं करता है।"

"तुम इतने दौलतमंद कैसे बने?"

"उन अवसरों का लाभ लेकर, जो हमारे श्रेष्ठ शहर के सभी नागरिकों के लिए उपलब्ध हैं।"

"तुम्हारे पास शुरू में तो कुछ नहीं था?"

"सिर्फ़ दौलत कमाने की प्रबल इच्छा थी। इसके अलावा और कुछ भी नहीं था।"

सम्राट ने आगे कहा, "अरक़ाद, हमारे शहर की स्थिति बहुत गंभीर है। सिर्फ़ मुट्ठी भर लोग ही दौलत कमाने का तरीक़ा जानते हैं, इसलिए धन पर उनका एकाधिकार हो गया है, जबकि हमारे अधिकांश नागरिक यह नहीं जानते हैं कि वे अपनी आमदनी में से बचत करके दौलतमंद कैसे बन सकते हैं।"

"मैं चाहता हूँ कि बैबिलॉन दुनिया का सबसे अमीर शहर बन जाए। इसलिए इसमें बहुत से दौलतमंद लोग होना चाहिए। इसके लिए हमें सब लोगों को यह सिखाना होगा कि अमीर कैसे बना जाता है। मुझे

बताओ अरक़ाद, क्या दौलतमंद बनने का कोई रहस्य या फ़ॉर्मूला है? क्या इसे सिखाया जा सकता है?"

"महामहिम, जो एक व्यक्ति जानता है, उसे दूसरों को भी सिखाया जा सकता है।"

सम्राट की आँखों में चमक आ गई, "अरक़ाद, तुमने वही शब्द बोल दिए, जो मैं सुनना चाहता था। क्या तुम इस महान काम में अपना सहयोग दोगे? क्या तुम कुछ लोगों को सिखा सकते हो, जो आगे चलकर दूसरों को सिखाएँ, जब तक कि हम अपने शहर के हर नागरिक को अमीर बनने का फ़ॉर्मूला न सिखा दें?"

अरक़ाद ने सिर झुकाकर कहा, "मैं आपका विनम्र सेवक हूँ और आपके आदेश का पालन करूँगा। मेरे पास जितना भी ज्ञान है, मैं उसे अपने साथी नागरिकों की बेहतरी और सम्राट की संतुष्टि के लिए ख़ुशी-ख़ुशी दूँगा। अगर वज़ीर साहब मेरी कक्षा के लिए सौ लोगों का प्रबंध कर दें, तो मैं उन्हें ख़ाली पर्स के सात इलाज बताऊँगा। कभी मेरा पर्स बैबिलॉन का सबसे ख़ाली पर्स था, परंतु मैंने इन सात इलाजों से उसे मोटा कर लिया।"

पंद्रह दिन बाद सम्राट के हुक्म से सौ लोग शिक्षण मंदिर के बड़े हॉल में एकत्रित हुए। वे अर्धवृत्त के आकार में बैठे थे। अरक़ाद एक छोटे चबूतरे के पास बैठा था, जहाँ पवित्र दीपक जल रहा था, जिसमें से एक अजीब और अच्छी ख़ुशबू आ रही थी।

जब अरक़ाद उठा, तो एक विद्यार्थी ने अपने पड़ोसी को कोहनी मारते हुए कहा, "बैबिलॉन के सबसे अमीर आदमी को देखो। परंतु वह भी हम लोगों की तरह ही इंसान है।"

अरक़ाद ने बोलना शुरू किया, "हमारे महान सम्राट के आज्ञाकारी सेवक के रूप में मैं आपके सामने खड़ा हूँ। चूँकि मैं भी कभी धन की प्रबल इच्छा रखने वाला ग़रीब युवक था और चूँकि मैंने अपने ज्ञान की बदौलत प्रचुर दौलत हासिल की है, इसलिए सम्राट चाहते हैं कि मैं आपको वह

ज्ञान प्रदान करूँ, ताकि आप भी दौलतमंद बन सकें।"

"मेरी जीवनयात्रा बहुत ग़रीबी में शुरू हुई थी। मेरे पास ऐसा कोई लाभ नहीं था, जो आपके या बैबिलॉन के बाक़ी नागरिकों के पास न हो।"

"उस समय मेरे पास एक बहुत पुराना पर्स था। वह हमेशा ख़ाली रहता था और मुझे इस बात से बहुत चिढ़ होती थी। मैं चाहता था कि मेरा पर्स मोटा रहे और इसमें सोने के सिक्के खनखनाते रहें। इसलिए मैं ख़ाली पर्स के इलाज खोजने में जुट गया। मुझे कुल सात इलाज मिले।"

"आज मैं आप लोगों को ख़ाली पर्स के सात इलाज बताऊँगा। जो लोग बहुत दौलतमंद बनना चाहते हैं, मैं उन्हें सलाह देता हूँ कि वे इन इलाजों पर अमल करें। सात दिनों तक हर दिन मैं आपको ख़ाली पर्स के सात इलाजों में से एक-एक इलाज बताऊँगा।"

"मेरी बातों को ध्यान से सुनें। मेरे साथ बहस करें। आपस में चर्चा करें। ये सबक़ अच्छी तरह से सीख लें, ताकि आप भी अपने पर्स में दौलत का बीज बो सकें। सबसे पहले तो आपको इस ज्ञान से लाभ उठाकर दौलतमंद बनना होगा। इसके बाद ही आप इस क़ाबिल बनेंगे कि आप ये सबक़ दूसरों को सिखा सकें।"

"मैं आपको पर्स मोटा करने के आसान तरीक़े सिखाऊँगा। यह दौलत के मंदिर की पहली सीढ़ी है। कोई भी आदमी बाक़ी सीढ़ियाँ तब तक नहीं चढ़ सकता, जब तक वह इस पहली सीढ़ी पर दृढ़ता से अपने क़दम न रख ले।"

"अब हम पहले इलाज पर विचार करते हैं।"

पहला इलाज

अपने पर्स को मोटा करना शुरू करें

अरक़ाद ने दूसरी पंक्ति में बैठे एक विचारमग्न व्यक्ति से पूछा,

"मेरे प्रिय मित्र, आप क्या करते हैं?"

उस आदमी ने जवाब दिया, "मैं एक नक़लनवीस हूँ और मृदापत्रों पर रिकॉर्ड लिखता हूँ।"

"मैंने भी यहीं से शुरुआत की थी। इसलिए आपके पास भी दौलतमंद बनने का उतना ही अवसर है, जितना मेरे पास था।"

फिर अरक़ाद ने पीछे की तरफ़ बैठे एक लाल चेहरे वाले आदमी से पूछा, "आप अपनी आजीविका कैसे कमाते हैं?"

उस आदमी ने जवाब दिया, "मैं माँस बेचता हूँ। मैं किसानों से बकरियाँ ख़रीदकर उन्हें जिबह करता हूँ और फिर उनका माँस गृहिणियों को तथा उनकी खाल जूते बनाने वालों को बेचता हूँ।"

"चूँकि आप भी मेहनत करके कमाते हैं, इसलिए आपके पास भी सफल होने का उतना ही अवसर है, जितना मेरे पास था।"

इस तरह अरक़ाद ने यह पता लगाया कि हर आदमी कौन सा काम करके अपनी आजीविका कमाता है। सब लोगों से सवाल पूछने के बाद उसने कहा,

"अब मेरे विद्यार्थियों, आप देख सकते हैं कि ऐसे बहुत से काम और श्रम होते हैं, जिनसे इंसान धन कमा सकता है। कमाई का हर तरीक़ा धन की नदी की तरह है। काम करने वाला अपनी मेहनत से उस नदी का रुख़ अपने पर्स की तरफ़ मोड़ लेता है। इसलिए आपके पर्स में आपकी योग्यता के अनुसार धन की छोटी या बड़ी धारा बहती है। क्या यह सच नहीं है?"

सब लोगों ने कहा कि यह सच है।

अरक़ाद ने कहा, "अगर आप दौलतमंद बनना चाहते हैं, तो क्या यह समझदारीपूर्ण नहीं है कि आप दौलत के उस स्रोत का उपयोग करना शुरू करें, जिसे आपने पहले से स्थापित कर रखा है?"

इस पर भी वे सहमत हो गए।

फिर अरक़ाद अंडों के एक ग़रीब व्यापारी की ओर मुड़ा। अरक़ाद ने उससे पूछा, "अगर आप किसी डलिया में हर सुबह दस अंडे रखें और हर शाम को उसमें से नौ अंडे निकालें, तो कुछ समय बाद क्या होगा ?"

"कुछ समय बाद वह डलिया पूरी भर जाएगी।"

"क्यों ?"

"क्योंकि मैं हर दिन उसमें जितने अंडे डालता हूँ, उससे एक अंडा कम निकालता हूँ।"

अरक़ाद मुस्कराते हुए कक्षा की ओर मुड़ा, "क्या आपमें से किसी का पर्स ख़ाली है ?"

वे लोग पहले तो खिसियाकर हँसे, फिर उन्होंने मज़ाक़ में अपने ख़ाली पर्स लहराकर अरक़ाद को दिखाए।

अरक़ाद आगे बोला, "ठीक है। अब मैं आपको ख़ाली पर्स का पहला इलाज बताता हूँ। आप वही करें, जिसका सुझाव मैंने अंडे के व्यापारी को दिया था। अपने पर्स में डाले गए *दस सिक्कों में से सिर्फ़ नौ सिक्के बाहर निकालें। जब आप अपनी सिर्फ़ नब्बे प्रतिशत आमदनी ही ख़र्च करेंगे, तो जल्दी ही आपका पर्स मोटा होने लगेगा। पर्स भारी होने से आपको अच्छा लगेगा और आपके कलेजे को ठंडक पहुँचेगी।*"

यह सबक़ बहुत साधारण लगता है, परंतु साधारण होने के कारण मेरी कही बात को हल्केपन से न लें। सत्य हमेशा साधारण होता है। मैं आपको बताऊँगा कि मैंने दौलत कैसे इकट्ठी की। मैंने भी इसी तरह शुरुआत की थी। पहले मेरा पर्स भी हमेशा ख़ाली रहता था और मैं इसे कोसा करता था, क्योंकि इसमें मेरी इच्छाओं को संतुष्ट करने के लिए धन नहीं रहता था। लेकिन जब मैंने अपने पर्स में दस सिक्के डालकर सिर्फ़ नौ सिक्के बाहर निकालना शुरू किया, तो यह भारी होने लगा। इस उपाय पर चलने से आपका पर्स भी भारी हो जाएगा।

अब मैं आपको एक विचित्र सत्य बताता हूँ, जिसका कारण मैं

नहीं जानता हूँ। जब मैंने ख़र्च के लिए सिर्फ़ नब्बे प्रतिशत आमदनी रखी, तब भी मेरा ख़र्च उतनी ही अच्छी तरह से चलता रहा। मैं पहले जितनी कड़की में रहता था, लगभग उतनी ही कड़की में रहा। इसके अलावा कुछ समय बाद धन मेरे पास पहले से ज़्यादा आसानी से आने लगा। निश्चित रूप से यह देवताओं का नियम है कि जो व्यक्ति अपनी आमदनी का एक निश्चित हिस्सा बचाकर रखता है और उसे ख़र्च नहीं करता है, उसके पास धन ज़्यादा आसानी से आता है। इसी तरह यह भी सही है कि धन ख़ाली पर्स वाले पर मेहरबान नहीं होता है।

आप किस चीज़ को पाने के ज़्यादा इच्छुक हैं? क्या आपके लिए रोज़मर्रा की तात्कालिक इच्छाओं की संतुष्टि ज़्यादा महत्वपूर्ण है - आभूषण, वस्त्र, सजावट की चीज़ें, बेहतरीन व्यंजन? ये चीज़ें जल्दी ही चली जाती हैं और भुला दी जाती हैं। या फिर आपके लिए दूरगामी इच्छाएँ ज़्यादा महत्वपूर्ण हैं - विशाल जायदाद, स्वर्ण, भूमि, मवेशी, व्यापार, आमदनी देने वाले निवेश? आप अपने पर्स में से जो सिक्के निकालते हैं, उनसे आपकी तात्कालिक इच्छाएँ पूरी होती हैं। आप अपने पर्स में जो सिक्के बचाते हैं, उनसे आपकी दूरगामी इच्छाएँ पूरी होती हैं।

"मेरे विद्यार्थियों, यह ख़ाली पर्स का पहला इलाज था, जिसे मैंने खोजा था। *मैं पर्स में दस सिक्के डालता था और उनमें से सिर्फ़ नौ सिक्के ख़र्च करता था।*" आप लोग इस पर आपस में चर्चा करें और अगर किसी को इसमें कोई गड़बड़ नज़र आए, तो वह कल मुझे बता दे।"

दूसरा इलाज

ख़र्च को नियंत्रित करें

अरक़ाद ने दूसरे दिन अपने विद्यार्थियों को संबोधित करते हुए कहा, आपमें से कुछ लोगों ने मुझसे यह पूछा है : 'जब कोई अपनी पूरी आमदनी में अपना ख़र्च नहीं चला पाता है, तो वह अपने पर्स में डाले गए दस सिक्कों में से एक सिक्का कैसे बचा सकता है?'

"कल आपमें से कितनों के पर्स ख़ाली थे?"

सबने जवाब दिया, "हम सबके।"

परंतु आपकी आमदनी समान नहीं है। कुछ लोग दूसरों से ज़्यादा कमाते हैं। कुछ का परिवार ज़्यादा बड़ा है, इसलिए उनका पालन-पोषण करने में वे ज़्यादा ख़र्च करते हैं। परंतु आमदनी और ख़र्च अलग-अलग होने के बावज़ूद आप सबके पर्स एक जैसे यानी ख़ाली थे। अब मैं आपको इंसानों के बारे में एक असामान्य सच्चाई बताऊँगा। वह सच्चाई यह है : हमारे 'आवश्यक ख़र्च' हमेशा हमारी आमदनी के अनुपात में बढ़ते रहेंगे, जब तक कि हम इन्हें रोकने की कोशिश न करें।

आवश्यक ख़र्च और अपनी इच्छाओं के बीच के फ़र्क़ को नज़रअंदाज़ न करें। आपकी आमदनी से आपकी जितनी इच्छाएँ संतुष्ट हो सकती हैं, आपकी और आपके परिवार की इच्छाएँ उससे कहीं ज़्यादा होती हैं। उन इच्छाओं की संतुष्टि के लिए आमदनी कम पड़ जाती है और बहुत सी इच्छाएँ ऐसी रह जाती हैं, जो संतुष्ट नहीं हो पातीं।

सभी लोगों के पास उससे ज़्यादा इच्छाएँ होती हैं, जितनी वे संतुष्ट कर सकते हैं। आप सोचते होंगे कि मैं अपनी दौलत के कारण अपनी हर इच्छा पूरी कर सकता हूँ? यह सही नहीं है। मेरे समय की सीमा है। मेरी शक्ति की सीमा है। मैं जितनी यात्रा कर सकता हूँ, उसकी दूरी की सीमा है। मैं जो खा सकता हूँ, उसकी भी सीमा है। मैं जितने उत्साह से आनंद ले सकता हूँ, उसकी भी सीमा है।

किसान खेत में जहाँ भी ख़ाली जगह छोड़ता है, वहाँ पर खरपतवार उग आती है, उसी तरह जहाँ भी इच्छाओं के संतुष्ट होने की संभावना होती है, वहाँ इंसानों के मन में इच्छाएँ पैदा हो जाती हैं। इच्छाएँ असीमित होती हैं, परंतु जिन इच्छाओं को आप पूरा कर सकते हैं, वे सीमित होती हैं।

अपनी जीवनशैली और ख़र्च की आदतों के बारे में अच्छी तरह सोचें। ऐसा करने पर आपको कुछ ऐसे ख़र्च ज़रूर मिलेंगे, जिन्हें कम या

ख़त्म किया जा सकता है। यह लक्ष्य बना लें कि आप जो भी सिक्का ख़र्च करें, उसके बदले में आपको शत-प्रतिशत संतुष्टि मिले।

इसलिए आप जिन चीज़ों के लिए ख़र्च करना चाहते हों, उन्हें लिख लें। सिर्फ़ आवश्यक चीज़ों को चुनें। इसके अलावा सिर्फ़ उन्हीं चीज़ों को चुनें, जो आपकी नब्बे प्रतिशत आमदनी में संभव हों। बाक़ी सब चीज़ों को हटा दें और उन्हें अपनी असीमित इच्छाओं का हिस्सा मान लें, जो संतुष्ट नहीं होंगी। उनका अफ़सोस न करें।

फिर अपने आवश्यक ख़र्च का बजट बना लें। उस दसवें हिस्से को छुएँ भी नहीं, जो आपके पर्स को मोटा कर रहा है। इसे अपनी प्रबल इच्छा बना लें, जो संतुष्ट हो रही है। अपने बजट पर मेहनत करते रहें और इसमें फेरबदल करते रहें। अपने पर्स को मोटा बनाए रखने की दिशा में बजट को अपना पहला सलाहकार बनाएँ।

इस पर लाल और सुनहरे वस्त्र वाले एक आदमी ने खड़े होकर कहा, "मैं एक स्वतंत्र व्यक्ति हूँ। मैं मानता हूँ कि मुझे ज़िंदगी की अच्छी चीज़ों का आनंद लेने का हक़ है। इसलिए मैं बजट की ग़ुलामी का विरोध करता हूँ, जो यह तय करता है कि मैं कितना ख़र्च कर सकता हूँ और किन चीज़ों के लिए कर सकता हूँ। मैं महसूस करता हूँ कि इससे मेरी ज़िंदगी का आनंद कम हो जाएगा और मैं बोझ उठाने वाले खच्चर की तरह बन जाऊँगा।"

इस पर अरक़ाद ने जवाब दिया, "मेरे मित्र, आपका बजट कौन बनाएगा?"

उस आदमी ने कहा, "मैं ख़ुद।"

मान लें कि कोई खच्चर अपने बोझ का बजट बनाए, तो वह इसमें क्या शामिल करेगा? क्या वह इसमें रत्न, कालीन और सोने की भारी सिल्लियाँ शामिल करेगा? बिल्कुल नहीं। वह इन क़ीमती चीज़ों को अपने बोझ में शामिल नहीं करेगा। इसके बजाय वह उस बोझ में घास, अनाज और रेगिस्तान के लिए पानी की मशक रखेगा।

बजट का उद्देश्य यह है कि आपका पर्स मोटा बने। बजट आपकी आवश्यकताओं को संतुष्ट करने में आपकी मदद करता है। आवश्यकताओं के अलावा यह आपकी कुछ इच्छाओं को पूरा करने में भी आपकी मदद करता है। बजट द्वारा आप साधारण इच्छाओं से अपनी सबसे प्रबल इच्छाओं की रक्षा करते हैं, ताकि वे पूरी हो सकें। आपका बजट अँधेरी गुफा में चमकती मशाल की तरह आपको दिखाता है कि आपके पर्स में कहाँ छेद हो रहे हैं। यह उन छेदों को सिलने में आपकी मदद करता है। बजट आपके ख़र्च को इस तरह से नियंत्रित करता है, ताकि आप सिर्फ़ निश्चित और संतुष्टिदायक उद्देश्यों के लिए ही ख़र्च करें।

"ख़ाली पर्स का यह दूसरा इलाज है। *अपने ख़र्च का बजट बना लें, ताकि आपके पास अपनी आवश्यकताओं को पूरा करने के लिए पैसा रहे और आप नब्बे प्रतिशत आमदनी में ही अपनी बाक़ी महत्वपूर्ण इच्छाओं का आनंद ले सकें तथा उन्हें संतुष्ट कर सकें।"*

तीसरा इलाज

अपने धन को कई गुना बढ़ाएँ

अरक़ाद ने तीसरे दिन अपनी कक्षा को संबोधित करते हुए कहा, "अब आप देखेंगे कि आपका ख़ाली पर्स मोटा होता जा रहा है। और ऐसा ज़रूर होगा, क्योंकि आप ख़ुद को अनुशासित कर चुके हैं। अब आप अपनी आमदनी का दसवाँ हिस्सा बचाने लगे हैं। आपने अपने ख़र्च को नियंत्रित कर लिया है, ताकि आपके बढ़ते हुए ख़ज़ाने की रक्षा हो सके। इसके बाद हम इस बात पर विचार करेंगे कि आप अपनी बचत से कैसे मेहनत करवा सकते हैं और इसे कैसे बढ़ा सकते हैं। पर्स में रखा धन अच्छा लगता है और कंजूस आदमी को संतोष देता है, परंतु यह आमदनी को बढ़ाता नहीं है। अपनी आमदनी में से धन बचाना तो सिर्फ़ शुरुआत

है। उस बचत से जो आमदनी होगी, उसी से हम दौलतमंद बनेंगे।"

हम अपने धन या बचत से मेहनत कैसे करवा सकते हैं ? निवेश करके! मेरा पहला निवेश दुर्भाग्यपूर्ण था और उसमें मेरी सारी बचत डूब गई थी। वह कहानी मैं आपको बाद में बताऊँगा। मैंने अपना पहला लाभकारी निवेश तब किया, जब मैंने ढाल बनाने वाले अग़र को क़र्ज़ दिया। वह ढाल बनाने के लिए हर साल समुद्र पार से बहुत सारा काँसा ख़रीदता था। चूँकि इतना काँसा ख़रीदने के लिए उसके पास पर्याप्त पूँजी नहीं रहती थी, इसलिए वह उन लोगों से उधार ले लेता था, जिनके पास अतिरिक्त धन होता था। अग़र एक सम्मानित और भरोसेमंद व्यक्ति था। जब उसकी ढालें बिक जाती थीं, तो वह अपना क़र्ज़ तो चुकाता ही था, उस पर उदारता से ब्याज भी देता था।

उसे दुबारा क़र्ज़ देते समय मैं उसके चुकाए गए ब्याज को भी क़र्ज़ में जोड़ देता था। इस तरह से न सिर्फ़ मेरी पूँजी बढ़ती थी, बल्कि मेरी आमदनी भी बढ़ जाती थी। जब मेरी पूँजी सूद समेत मेरे पर्स में लौटती थी, तो मुझे बहुत संतुष्टि मिलती थी।

"मेरे विद्यार्थियों, मैं आपको बता दूँ, दौलत पर्स में खनखना रहे सिक्कों से नहीं बनती है। दौलत तो निवेश से प्राप्त आमदनी से बनती है। दौलत का अर्थ धन की वह धारा है, जो लगातार पर्स में बहकर आती है और उसे हमेशा मोटा करती रहती है। हर इंसान यही तो चाहता है। आपमें से हर एक की भी यही इच्छा तो है कि आपके पर्स में आमदनी लगातार आती रहे, भले ही आप मेहनत करें या कहीं सैर-सपाटे पर चले जाएँ।"

"मेरी आमदनी बहुत ज़्यादा है। इतनी ज़्यादा कि मुझे बहुत अमीर आदमी कहा जाता है। अग़र को मैंने जो क़र्ज़ दिया था, वह लाभकारी निवेश के क्षेत्र में मेरा पहला प्रशिक्षण था। इस अनुभव से मुझे जो ज्ञान हासिल हुआ, वह मेरे बहुत काम आया। मेरी जमापूँजी बढ़ने पर मैंने दूसरों को भी क़र्ज़ दिया और लगातार निवेश करता रहा। पहले तो कुछ जगहों से और बाद में बहुत सी जगहों से मेरे पर्स में धन की सुनहरी

धाराएँ बहकर आने लगीं, जिनका मैं अपनी सूझबूझ से मनचाहा प्रयोग कर सकता था।"

"देखिए, अपनी छोटी सी आमदनी से मैंने सुनहरे सेवकों की सेना तैयार कर ली, जिनमें से हर सिक्का या सैनिक मेरे लिए काम करता था और धन कमाता था। उन्हीं की तरह उनकी संतानें भी मेरे लिए काम करती थीं और फिर उनकी संतानें... जब तक कि उनके संयुक्त प्रयासों से मुझे काफ़ी आमदनी नहीं होने लगी।"

जब आमदनी अच्छी हो, तो धन तेज़ी से बढ़ता है, जैसा आप इस उदाहरण में देखेंगे। एक किसान ने अपने पहले पुत्र के जन्म के समय एक साहूकार के पास चाँदी के दस सिक्के ब्याज पर जमा करा दिए। उसने साहूकार से कहा कि जब उसका पुत्र बीस साल का हो जाए, तो वह मूलधन को सूद सहित लौटा दे। साहूकार हर चार साल में पच्चीस प्रतिशत ब्याज देने के लिए तैयार हो गया। किसान अपने पुत्र के लिए यह धन अलग रख रहा था, इसलिए उसने साहूकार से कहा कि वह ब्याज को भी मूलधन में जोड़ता रहे।

जब वह लड़का बीस साल का हुआ, तो किसान एक बार फिर साहूकार के पास गया और अपनी जमा की गई राशि के बारे में पूछताछ की। साहूकार ने बताया कि चूँकि उसकी रक़म चक्रवृद्धि ब्याज से बढ़ रही थी, इसलिए उसने चाँदी के जो दस सिक्के जमा किए थे, वे अब बढ़कर साढ़े तीस सिक्के हो गए हैं।

यह सुनकर किसान बहुत ख़ुश हुआ। चूँकि उसके पुत्र को अभी धन की ज़रूरत नहीं थी, इसलिए उसने वह धन साहूकार के पास ही जमा रहने दिया। जब पुत्र पचास साल का हुआ (इस दौरान उसका पिता इस दुनिया से जा चुका था), तो साहूकार ने हिसाब चुकता करते हुए पुत्र को चाँदी के एक सौ पचहत्तर सिक्के दिए।

इस तरह पचास साल में यह निवेश चक्रवृद्धि ब्याज के कारण लगभग सत्रह गुना बढ़ गया।

यह ख़ाली पर्स का तीसरा इलाज है :*"हर सिक्के से मेहनत करवाते रहें, जब तक कि यह और सिक्के पैदा न करे, ठीक उसी तरह जिस तरह मवेशी करते हैं। यह सुनिश्चित करें कि हर सिक्के का निवेश आपको आमदनी देता रहे और धन की धारा लगातार आपके पर्स में बहकर आती रहे।"*

चौथा इलाज

अपनी पूँजी की रक्षा करें

अरक़ाद ने चौथे दिन अपनी कक्षा से कहा, "दुर्भाग्य को चमकता निशाना अच्छा लगता है। इंसान को अपने पर्स में रखे धन की दृढ़ता से रक्षा करना चाहिए। अगर वह ऐसा नहीं करेगा, तो धन उसके पास से चला जाएगा। इसलिए समझदारी इसी में है कि पहले हम छोटी रक़म को सुरक्षित रखना सीखें, तभी देवताओं को यह विश्वास होगा कि हम बड़ी रक़म को सुरक्षित रख पाएँगे।

जिसके भी पास धन होता है, उसके सामने बहुत से प्रलोभन आते हैं। उसे कई ऐसे अवसर ललचाते हैं, जब उसे लगता है कि वह बहुत अच्छी योजनाओं में निवेश करके बहुत लाभ कमा सकता है। अक्सर उसके मित्र और रिश्तेदार ऐसे निवेशों में उत्साह से प्रवेश करते हैं और उसे भी ऐसा ही करने के लिए प्रेरित करते हैं।

निवेश का पहला दमदार सिद्धांत है आपके मूलधन की सुरक्षा। अगर मूलधन के चले जाने का ख़तरा हो, तो क्या ज़्यादा कमाई के लालच में पड़ना समझदारी है? मुझे इसमें ज़रा भी समझदारी नज़र नहीं आती है। अगर आप इतना बड़ा जोखिम उठाते हैं, तो इसकी सज़ा यह होगी कि शायद आप अपना मूलधन भी गँवा दें। अपनी जमापूँजी का निवेश करने से पहले सावधानी से जाँच-पड़ताल करें। पहले पूरी तरह आश्वस्त हो जाएँ कि आपकी पूँजी सुरक्षित लौट आएगी। फटाफट अमीर बनने की

हवाई इच्छाओं से ग़लत दिशा में न चले जाएँ।

किसी व्यक्ति को कर्ज़ देने से पहले आपको यह यक़ीन कर लेना चाहिए कि उसमें कर्ज़ चुकाने की सामर्थ्य है। यह भी देख लें कि कर्ज़ चुकाने के बारे में उसकी प्रतिष्ठा कैसी है, ताकि कहीं अनजाने में आप उसे अपनी मेहनत की कमाई तोहफ़े में न दे रहे हों।

किसी भी क्षेत्र में निवेश करने से पहले अपने मूलधन पर मँडराने वाले ख़तरों के बारे में जान लें।

"मेरा पहला निवेश दुर्भाग्यपूर्ण और दुखद था। एक साल तक मैंने मेहनत से जो पैसा बचाया था, उसे मैंने अज़मर नामक ईंट बनाने वाले को दे दिया था, जो दूर देशों की यात्रा पर जा रहा था। वह इस बात के लिए तैयार हो गया कि वह टायर से मेरे लिए फ़ीनिशियन्स के दुर्लभ रत्न ख़रीद लाएगा। हमारी योजना यह थी कि हम उन रत्नों को ज़्यादा दामों में बेचकर मुनाफ़े को आपस में बाँट लेंगे। फ़ीनिशियन्स बदमाश थे और उन्होंने अज़मर को रत्नों के बजाय काँच के टुकड़े पकड़ा दिए। मेरी पूरी जमापूँजी चली गई थी। आज मेरे पास इतना ज्ञान आ चुका है कि मैं तत्काल समझ लूँगा कि रत्न ख़रीदने के लिए ईंट बनाने वाले पर भरोसा करना मूर्खता है।"

"मैं अपने अनुभवों की समझदारी से आपको यह सलाह देना चाहता हूँ : अति आत्मविश्वास में आकर अपनी पूँजी का ऐसी जगह पर निवेश न करें, जहाँ उसके डूबने का ख़तरा हो। बेहतर यह है कि आप धन के प्रबंधन में अनुभवी लोगों की समझदारी भरी सलाह लें। इस तरह की सलाह माँगने पर मुफ़्त मिल जाती है। हो सकता है यह सलाह उतनी ही मूल्यवान साबित हो, जितनी रक़म का आप निवेश करने जा रहे हैं। सच तो यह है कि अगर यह सलाह आपकी पूँजी को डूबने से बचाती है, तो यह आपकी पूँजी जितनी ही मूल्यवान होती है।"

यह ख़ाली पर्स का चौथा इलाज है। यह इलाज बहुत महत्वपूर्ण है क्योंकि पर्स के भर जाने के बाद यह उसे ख़ाली होने से बचाता है। *"अपनी*

जमापूँजी को नुक़सान से बचाएँ। सिर्फ़ वहीं निवेश करें, जहाँ आपका मूलधन सुरक्षित रहे, जहाँ आप जब चाहें, इसे दुबारा वापस पा सकें और जहाँ आपको उचित ब्याज लगातार मिलता रहे। बुद्धिमान लोगों से सलाह लें। धन के लाभकारी प्रबंधन में अनुभवी लोगों से सलाह लें। असुरक्षित निवेशों से अपने धन की बुद्धिमत्तापूर्वक रक्षा करें।"

पाँचवाँ इलाज

अपने घर को लाभकारी निवेश बनाएँ

अरक़ाद ने अपनी कक्षा को पाँचवाँ सबक़ सिखाते हुए कहा, "इंसान अपनी कमाई का दसवाँ हिस्सा इसलिए अलग रखता है, ताकि वह भविष्य में जीवन का आनंद ले सके। बहरहाल, अगर वह अपनी आमदनी के बचे हुए नौ हिस्सों में से भी कुछ बचा सके और उसका लाभकारी निवेश कर सके, तो उसका ख़ज़ाना ज़्यादा तेज़ी से बढ़ेगा।"

बैबिलॉन के बहुत से लोग अपने परिवारों के साथ किराए के मकानों में रहते हैं, हालाँकि उनके आस-पास का माहौल अच्छा नहीं रहता है। वे हर महीने किराए के रूप में मकान मालिक को बहुत सा धन देते हैं। अक्सर उनके मकानों में बाग़-बगीचे के लिए जगह नहीं होती है। उनकी पत्नियाँ पेड़-पौधे नहीं लगा पाती हैं, जिनसे हर औरत को ख़ुशी मिलती है। उन मकानों में बच्चों के खेलने के लिए कोई जगह नहीं होती है, इसलिए वे गंदी गलियों में खेलते रहते हैं।

किसी भी व्यक्ति का परिवार तब तक ज़िंदगी का पूरा आनंद नहीं ले सकता, जब तक कि उसके मकान में इतनी जगह न हो कि उसके बच्चे साफ़-सुथरी धरती पर खेल सकें और उसकी पत्नी न सिर्फ़ सुंदर फूल उगा सके, बल्कि परिवार को खिलाने के लिए अच्छी सब्ज़ियाँ भी उगा सके।

अपने पेड़ों के अंजीर और अंगूर खाकर हर इंसान ख़ुश होता है। अपने घर का स्वामी बनने में उसे गर्व का एहसास होता है। इससे उसका आत्मविश्वास बढ़ता है और वह अपने सभी प्रयासों में ज़्यादा मेहनत करता है। इसलिए मैं यह सलाह देता हूँ कि हर आदमी के पास अपना ख़ुद का मकान होना चाहिए, जिसमें वह और उसका परिवार रह सके।

अपने घर का मालिक बनना कोई ख़ास मुश्किल काम नहीं है। जिस व्यक्ति में भी इच्छाशक्ति हो, वह ऐसा कर सकता है। हमारे महान सम्राट ने बैबिलॉन की दीवारों को इतनी दूर तक फैला लिया है कि इसके भीतर बहुत सी ख़ाली ज़मीन पड़ी है, जिसे बहुत उचित क़ीमत पर ख़रीदा जा सकता है।

"मेरे विद्यार्थियों, मैं आप लोगों से यह भी कहता हूँ कि साहूकार ख़ुशी-ख़ुशी उन लोगों को उधार दे देते हैं, जो अपने परिवार के लिए ज़मीन और मकान ख़रीदना चाहते हैं। इस नेक काम के लिए आपको रक़म आसानी से उधार मिल जाएगी। आप ईंट बनाने वाले और मकान बनाने वाले को पैसे देने के लिए उधार ले सकते हैं, बशर्ते आप अपनी तरफ़ से भी थोड़ी सी जमापूँजी लगाएँ और यह विश्वास दिला सकें कि आप कर्ज़ चुका सकते हैं।"

"तब आपको सच्ची ख़ुशी का एहसास होगा, क्योंकि आप एक बहुमूल्य जायदाद के स्वामी बन जाएँगे और उस पर आपका इकलौता ख़र्च यह होगा कि आपको सम्राट को टैक्स देना होगा।"

"इसके अलावा, आपकी पत्नी आपके कपड़े धोने के लिए ज़्यादा बार नदी तक जाएगी, ताकि हर बार लौटते समय वह पौधों में डालने के लिए एक मशक पानी ला सके।"

इस तरह गृहस्वामी बनने वाले व्यक्ति को बहुत से लाभ होते हैं। इससे उसका ख़र्च भी बहुत कम हो जाता है, जिससे उसकी आमदनी का अधिक हिस्सा उसकी इच्छाओं की संतुष्टि तथा आनंद के लिए उपलब्ध होता है। यह ख़ाली पर्स का पाँचवाँ इलाज है : *अपने घर के मालिक बनें।*

छठवाँ इलाज

भावी आमदनी सुनिश्चित करें

अरक़ाद ने अपनी कक्षा को छठवें दिन संबोधित करते हुए कहा, "हर व्यक्ति की ज़िंदगी बचपन से बुढ़ापे की तरफ़ चलती है। यह ज़िंदगी का मार्ग है और इस पर हर एक को चलना पड़ता है, जब तक कि देवता उसे असमय ही अपने पास न बुला लें। इसलिए मैं आपसे कहता हूँ कि *इंसान को अपने भविष्य या बुढ़ापे के लिए उचित आमदनी की व्यवस्था कर लेना चाहिए।* इसके अलावा *उसे इस बात की भी व्यवस्था कर लेना चाहिए कि अगर वह इस दुनिया में न रहे, तो भी उसके परिवार को सहारा तथा आराम मिलता रहे।* आज का सबक़ आपको सिखाएगा कि बुढ़ापे में भी आपका पर्स कैसे भरा रह सकता है।"

धन के नियमों के ज्ञान से जो व्यक्ति धन इकट्ठा कर लेता है, उसे अपने भविष्य के बारे में विचार करना चाहिए। उसे कुछ ऐसे निवेशों की योजना बनाना चाहिए, जो कई साल तक सुरक्षित रूप से बढ़ते रहें और ज़रूरत के समय काम आएँ, जिसकी उसने समझदारी से पहले ही कल्पना कर ली थी।

इंसान कई तरीक़ों से अपने भविष्य के लिए धन को सुरक्षित रख सकता है। वह अपने ख़ज़ाने को किसी गुप्त जगह पर ज़मीन में गाड़ सकता है। परंतु चाहे ख़ज़ाने को कितनी भी चतुराई से छुपाया गया हो, अंत में चोर उसे लूटकर ले जाएँगे। इस वजह से मैं इस योजना की सलाह नहीं देता हूँ।

भविष्य के लिए धन सुरक्षित रखने के उद्देश्य से इंसान घर या ज़मीन ख़रीद सकता है। अगर समझदारी से घर या ज़मीन को चुना जाए, ताकि भविष्य में भी उसकी उपयोगिता तथा मूल्य में वृद्धि हो, तो ऐसा करना लाभकारी है। भविष्य में इस जायदाद को बेचकर अपने लक्ष्य को हासिल किया जा सकता है।

इसके अलावा, इंसान नियमित रूप से साहूकार के पास छोटी-छोटी राशियाँ जमा करके अपने धन को बढ़ा सकता है। साहूकार द्वारा दिया जाने वाला ब्याज जब मूलधन में जुड़ जाएगा, तो धनराशि बहुत बढ़ जाएगी। मैं अंसान नाम के मोची को जानता हूँ। कुछ समय पहले उसने मुझे बताया था कि आठ साल से हर सप्ताह वह साहूकार के पास चाँदी के दो सिक्के जमा कर रहा है। साहूकार ने उसे हाल ही में उसका हिसाब बताया, जिसे सुनकर वह बहुत ख़ुश हुआ। उसने जो छोटी-छोटी राशियाँ जमा की थीं, वे हर चार साल में पच्चीस प्रतिशत ब्याज की आम दर से बढ़कर अब चाँदी के एक हज़ार चालीस सिक्कों में बदल गई हैं।

मैंने ख़ुश होकर उसे आगे भी बचत करने के लिए प्रोत्साहित किया। अपने अंकों के ज्ञान से मैंने उसे बताया कि अगर वह बारह साल तक हर हफ़्ते चाँदी के दो सिक्के जमा करता रहेगा, तो साहूकार उसे चाँदी के चार हज़ार सिक्के देगा और इतनी रक़म उसकी पूरी ज़िंदगी के ख़र्च के लिए पर्याप्त होगी।

जब नियमित रूप से जमा करने पर छोटी राशि इतने लाभकारी परिणाम देती है, तो *किसी व्यक्ति का व्यवसाय या निवेश कितना ही समृद्ध हो, उसे यह व्यवस्था कर लेना चाहिए कि उसके बुढ़ापे और परिवार की रक्षा के लिए पर्याप्त दौलत हो।*

मेरी इच्छा होती है कि मैं इसके बारे में और भी कुछ कहूँ। मेरा यह विश्वास है कि किसी दिन समझदारी से सोचने वाले लोग मौत के ख़िलाफ़ परिवार को सुरक्षित रखने की योजना बनाएँगे। इस योजना में बहुत से लोग नियमित रूप से छोटी सी राशि जमा करेंगे और उस जमा राशि से एक अच्छी रक़म मृत सदस्य के परिवार को दी जाएगी। मैं चाहता हूँ कि ऐसा हो और मैं ऐसा करने की प्रबल सलाह देता हूँ। परंतु आज यह संभव नहीं है, क्योंकि यह काम किसी इंसान या पार्टनरशिप की ज़िंदगी तक सीमित नहीं है। इस तरह की योजना को सम्राट के सिंहासन की तरह स्थिर होना चाहिए। मुझे लगता है कि किसी दिन इस तरह की योजना बनेगी और यह बहुत से लोगों के लिए वरदान साबित होगी,

क्योंकि सिर्फ़ पहले छोटे भुगतान के बाद ही व्यक्ति के मर जाने पर उसके परिवार के लिए दौलत की व्यवस्था हो जाएगी।

परंतु चूँकि हमारे समय में इस तरह की योजना नहीं है और हमारे जीवनकाल में ऐसी योजना होगी भी नहीं, इसलिए हमें अपने संसाधनों का लाभ उठाकर अपने लक्ष्य को हासिल करने के दूसरे तरीक़े खोजना चाहिए। इसी वजह से मैं सब लोगों को सुझाव देता हूँ कि वे अच्छी तरह सोचकर समझदारीपूर्ण तरीक़ों से अपने बुढ़ापे के लिए धन की व्यवस्था कर लें। क्योंकि जब कोई आदमी कमा नहीं सके या जब परिवार का मुखिया चला जाए, तो ख़ाली पर्स बहुत दुख का कारण बन जाता है।

तो ख़ाली पर्स का छठवाँ इलाज यह है : *अपने बुढ़ापे और अपने परिवार की रक्षा के लिए पहले से ही व्यवस्था कर लें।*

सातवाँ इलाज

अपनी आमदनी की क्षमता बढ़ाएँ

अरक़ाद ने सातवें दिन अपनी कक्षा को संबोधित करते हुए कहा, "मेरे विद्यार्थियों, आज मैं आपको ख़ाली पर्स का एक सटीक उपचार बताने जा रहा हूँ। परंतु आज मैं धन के बारे में नहीं, बल्कि आपके बारे में बातें करूँगा, जो अलग-अलग रंगों के कपड़ों में मेरे सामने बैठे हैं। मैं इंसान के दिमाग़ और ज़िंदगी की उन चीज़ों के बारे में बातें करूँगा, जो उसकी सफलता के समर्थन या विरोध में काम करती हैं।"

कुछ समय पहले एक युवक मेरे पास उधार माँगने आया। जब मैंने उससे पूछा कि उसे इसकी ज़रूरत क्यों पड़ी, तो उसने जवाब दिया कि उसके ख़र्च उसकी आमदनी से ज़्यादा हैं। इस पर मैंने उससे कहा कि ऐसी स्थिति में कोई भी साहूकार उसे कर्ज़ नहीं देगा, जब तक कि उसके पास अतिरिक्त धन कमाने की क्षमता न हो, जिससे वह अपना कर्ज़

चुका सके।

मैंने उससे कहा, 'तुम्हें अपनी आमदनी बढ़ाना चाहिए। कमाने की अपनी क्षमता को बढ़ाने के लिए तुमने क्या किया है?'

युवक ने कहा, 'मैंने वह सब किया है, जो मैं कर सकता हूँ। दो महीनों में छह बार मैंने अपने मालिक के पास जाकर अपनी तनख़्वाह बढ़ाने का आग्रह किया, परंतु मुझे सफलता नहीं मिली। कोई भी व्यक्ति इससे ज़्यादा बार यह अनुरोध नहीं कर सकता।'

हम उसके भोलेपन पर हँस सकते हैं, परंतु उस युवक में आमदनी को बढ़ाने के लिए आवश्यक एक महत्वपूर्ण गुण था। उसमें ज़्यादा कमाने की प्रबल इच्छा थी, जो बहुत उचित और सराहनीय है।

"उपलब्धि से पहले उसकी इच्छा होना चाहिए। आपकी इच्छाएँ प्रबल और निश्चित होना चाहिए।" सामान्य इच्छाएँ सिर्फ़ कमज़ोर चाहत होती हैं। अगर किसी इंसान में सिर्फ़ अमीर बनने की चाहत है, तो उससे कोई फ़ायदा नहीं होगा। परंतु जिस व्यक्ति में पाँच स्वर्ण-मुद्राएँ कमाने की इच्छा है, उसकी इच्छा निश्चित है और वह इसे पूरा कर सकता है। जब वह इसे हासिल करने के लिए लक्ष्य की शक्ति का प्रयोग करेगा और सफल हो जाएगा, तो अगली बार वह दस स्वर्ण-मुद्राएँ कमाने के लिए उन्हीं तरीक़ों का प्रयोग कर सकता है। फिर बीस मुद्राओं के लिए और बाद में एक हज़ार मुद्राओं के लिए। और देखते ही देखते वह अमीर बन जाएगा। अपनी एक निश्चित छोटी इच्छा को पूरी करना सीखकर उसने बड़ी इच्छा पूरी करने का प्रशिक्षण पा लिया है। इसी प्रक्रिया से दौलत हासिल की जाती है : पहले छोटी राशि, फिर उससे बड़ी राशि, जब तक कि इंसान सीखकर ज़्यादा सक्षम नहीं बन जाता।

इच्छाएँ आसान और निश्चित होना चाहिए। अगर वे बहुत ज़्यादा या बहुत जटिल हों या ऐसी हों, जिन्हें हासिल करने का प्रशिक्षण उस व्यक्ति के पास न हो, तो सफलता नहीं मिलती है।

जब मनुष्य अपने काम में ज़्यादा कुशल बनता है, तो वह अपनी कमाने की क्षमता को भी बढ़ा लेता है। जब मैं ग़रीब नक़लनवीस था और हर दिन कुछ सिक्कों के बदले में मृदापत्र पर लिखता था, तो मैंने देखा कि कुछ नक़लनवीस मुझसे ज़्यादा काम करते थे और इस कारण उन्हें मुझसे ज़्यादा आमदनी होती थी। इसलिए मैंने यह संकल्प किया कि मैं भी उनके जितना काम करूँगा। उनके ज़्यादा सफल होने का कारण जानने में मुझे ज़्यादा समय नहीं लगा। मैंने अपने काम में ज़्यादा रुचि ली, एकाग्रता से काम किया, अपने प्रयास में ज़्यादा लगन का प्रयोग किया। और देखते-ही देखते मैं जितने मृदापत्रों पर लिखता था, बहुत कम लोग उससे ज़्यादा लिख सकते थे। जल्दी ही मुझे अपनी बढ़ी हुई क्षमता की वजह से पुरस्कार मिला। अपनी तनख़्वाह बढ़वाने के लिए मुझे अपने मालिक के पास छह बार जाने की ज़रूरत भी नहीं पड़ी।

हमारे पास जितना ज्ञान होता है, हम उतना ही ज़्यादा कमा सकते हैं। जो व्यक्ति अपनी कला में ज़्यादा निपुणता हासिल करने की कोशिश करता है, उसे उसके अच्छे पुरस्कार मिलते हैं। अगर वह कारीगर है, तो वह अपने व्यवसाय के सर्वाधिक योग्य व्यक्ति से सीख सकता है। अगर वह कानून या उपचार के क्षेत्र में मेहनत करता है, तो वह अपने व्यवसाय के बाक़ी लोगों से विचार-विमर्श कर सकता है या उनकी सलाह ले सकता है। अगर वह व्यापारी है, तो वह लगातार अच्छी चीज़ों की तलाश कर सकता है, जिन्हें कम क़ीमतों पर ख़रीदा जा सके।

मनुष्यों की स्थितियाँ हमेशा बदलती और सुधरती रहती हैं, क्योंकि बुद्धिमान लोग नई योग्यताएँ सीखते रहे हैं, ताकि वे बेहतर ढंग से उनकी सेवा कर सकें, जिनके संरक्षण पर उनकी प्रगति निर्भर है। इसलिए मैं सभी व्यक्तियों से यह आग्रह करता हूँ कि वे प्रगति की पहली क़तार में खड़े रहें और स्थिर न रहें, क्योंकि स्थिर खड़े रहने पर वे पीछे रह जाएँगे।

बहुत सी चीज़ें इंसान की ज़िंदगी को लाभकारी अनुभवों से समृद्ध बनाती हैं। अगर किसी व्यक्ति में आत्मसम्मान है, तो उसे नीचे दिए गए काम करना चाहिए :

"उसे अपना कर्ज़ यथासंभव शीघ्रता से चुकाना चाहिए और ऐसी चीज़ें नहीं ख़रीदना चाहिए, जिनका वह भुगतान न कर पाए।"

"उसे अपने परिवार की अच्छी देखभाल करना चाहिए, ताकि वे उसके बारे में अच्छे विचार रखें और अच्छी बातें कहें।"

"उसे अपनी वसीयत कर देना चाहिए, ताकि जब देवता उसे अपने पास बुला लें, तो उसकी जायदाद का उचित और गरिमापूर्ण बँटवारा हो सके।"

"उसे दुर्भाग्य के शिकार लोगों पर दया करना चाहिए और तार्किक सीमाओं के भीतर उनकी मदद करना चाहिए। उसे अपने प्रियजनों के प्रति विचारपूर्वक काम करना चाहिए।"

इस तरह ख़ाली पर्स का सातवाँ और अंतिम इलाज है : *"अपनी शक्तियों का विकास करना, अधिक बुद्धिमान तथा योग्य बनने के लिए अध्ययन करना, आत्मसम्मान से काम करना।"* ऐसा करने पर आपमें यह आत्मविश्वास आ जाएगा कि आप सावधानीपूर्वक सोची गई इच्छाओं को पूरा सकते हैं।

तो ख़ाली पर्स के सात इलाज ये हैं, जो मैंने लंबे और सफल जीवन के अनुभव से सीखे हैं। मैं दौलत चाहने वाले सभी लोगों से इन पर अमल करने का आग्रह करता हूँ।

"मेरे मित्रों, बैबिलॉन में इतना सोना भरा पड़ा है, जिसकी आप कल्पना भी नहीं कर सकते हैं। यहाँ पर सबके लिए प्रचुर दौलत है।"

"आगे बढ़ें और इन सच्चाइयों पर अमल करें, ताकि आप समृद्ध और दौलतमंद बन सकें, जो आपका अधिकार है।"

"आगे बढ़ें और इन सच्चाइयों को दूसरे लोगों को भी सिखाएँ, ताकि हमारे सम्राट का हर सम्मानित नागरिक हमारे प्रिय शहर की अपार दौलत में सहभागी बन सके।"

✧ ✧ ✧

सौभाग्य की देवी से मिलें

अगर कोई इंसान भाग्यशाली है, तो उसके सौभाग्य की सीमा के बारे में कोई भविष्यवाणी नहीं की जा सकती। अगर उसे नदी में भी फेंक दिया जाए, तो न सिर्फ़ वह तैरकर बाहर निकल आएगा, बल्कि उसके हाथ में एक मोती भी होगा।

✍ बैबिलॉन की कहावत

हर व्यक्ति सौभाग्यशाली बनना चाहता है। आज से चार हज़ार साल पहले प्राचीन बैबिलॉन में भी मनुष्यों के मन में सौभाग्यशाली बनने की इच्छा उतनी ही प्रबल थी, जितनी कि आज के मनुष्यों के मन में है। हम सब चाहते हैं कि सौभाग्य की चंचल देवी हम पर मेहरबान हो जाए। क्या कोई ऐसा तरीक़ा है, जिससे हम उस देवी को अपनी ओर आकर्षित कर सकें और उसके कृपापात्र बन सकें ? क्या कोई

ऐसा तरीक़ा है, जिससे न सिर्फ़ हम उस देवी का ध्यान खींच सकें, बल्कि उसके उदार वरदान भी पा सकें?

क्या सौभाग्यशाली बनने का कोई तरीक़ा है?

प्राचीन बैबिलॉन के व्यक्तियों के मन में भी यही सवाल उठा। उन्होंने यह पता लगाने का फ़ैसला किया। वे चतुर और विचारशील थे। इसी वजह से उनका शहर अपने समय का सबसे समृद्ध और शक्तिशाली शहर बना।

उस पुराने समय में स्कूल या कॉलेज नहीं थे। बहरहाल बैबिलॉन में ज्ञान का एक केंद्र था और वह सैद्धांतिक नहीं, बल्कि बहुत व्यावहारिक था। बैबिलॉन की ऊँची इमारतों में एक इमारत सम्राट के महल, हैंगिंग गार्डंस और देवी-देवताओं के मंदिरों जितनी महत्वपूर्ण थी। आपको इतिहास की पुस्तकों में इसका बहुत कम ज़िक्र मिलेगा। इस बात की बहुत संभावना है कि आपको इसका ज़िक्र मिलेगा ही नहीं, बहरहाल इस इमारत का उस युग के चिंतन पर बहुत प्रबल असर हुआ।

यह इमारत ज्ञान का मंदिर थी, जहाँ स्वयंसेवी शिक्षक ज्ञान प्रदान करते थे। यहाँ सार्वजनिक रुचि के विषयों पर खुले मंच पर विचार-विमर्श होता था। इसकी दीवारों के भीतर सभी व्यक्ति बराबर होते थे। सबसे ग़रीब सेवक भी अपने तर्कों से शाही घराने के राजकुमार के विचारों को ग़लत साबित कर सकता था।

ज्ञान के मंदिर में कई लोग नियमित रूप से जाते थे। इनमें से एक अरक़ाद नामक बुद्धिमान आदमी था, जिसे बैबिलॉन का सबसे अमीर आदमी कहा जाता था। उसका अपना विशेष हॉल था, जहाँ लगभग हर शाम को बहुत से लोग रोचक विषयों पर चर्चा और बहस करने के लिए इकट्ठे होते थे। इन लोगों में कुछ वृद्ध और कुछ युवा भी थे, परंतु अधिकांश अधेड़ थे। बेहतर होगा कि हम उनकी बातें सुनें, ताकि हम यह जान सकें कि क्या वे सौभाग्य या ख़ुशक़िस्मती को आकर्षित करने का तरीक़ा जानते थे।

जब अरक़ाद अपने मंच पर आया, तो सूरज रेगिस्तानी धूल की धुंध के बीच आग की बड़ी लाल गेंद की तरह चमकते हुए अभी-अभी डूबा था। अस्सीं लोग उसके आने का इंतज़ार कर रहे थे और फ़र्श पर बिछे कालीनों पर बैठे हुए थे। बाक़ी लोग आते जा रहे थे।

अरक़ाद ने पूछा, "आज शाम को हम किस विषय पर चर्चा करेंगे?"

थोड़े संकोच के बाद कपड़े बुनने वाले एक लंबे व्यक्ति ने खड़े होकर कहा, "मैं चाहता हूँ कि एक ख़ास विषय पर चर्चा हो। परंतु मैं इसे बताने में डरता हूँ अरक़ाद कि कहीं यह आपको और मेरे मित्रों को मूर्खतापूर्ण न लगे।"

जब अरक़ाद और बाक़ी लोगों ने उससे वह विषय बताने का आग्रह किया, तो उसने कहा, "आज के दिन मैं ख़ुशक़िस्मत था, क्योंकि मुझे स्वर्णमुद्राओं से भरा एक पर्स मिल गया। मेरी प्रबल इच्छा है कि मैं हमेशा ख़ुशक़िस्मत रहूँ। मुझे लगता है कि हर व्यक्ति की यही इच्छा होगी, इसलिए मैं सुझाव देता हूँ कि हम इस विषय पर बहस करें कि सौभाग्य या ख़ुशक़िस्मती को कैसे आकर्षित किया जाता है, ताकि हम ख़ुशक़िस्मत बनने के तरीक़े खोज सकें।"

अरक़ाद ने कहा, "यह बहुत ही रोचक विषय है। इस पर हमें चर्चा करना ही चाहिए। कुछ लोगों के लिए अच्छी क़िस्मत का मतलब संयोग या कोई अकस्मात घटना है, जो बिना किसी उद्देश्य या कारण के हो सकती है। बाक़ी लोगों को यह विश्वास होता है कि हमारी ख़ुशक़िस्मती हमारी सबसे उदार देवी अष्टर की कृपा पर निर्भर है, जो उन लोगों को उदारतापूर्वक पुरस्कार देती है, जो उसे ख़ुश करते हैं। मित्रों, आप लोगों की क्या राय है? क्या हम यह पता लगाएँ कि हम किन तरीक़ों से ख़ुशक़िस्मती को आकर्षित कर सकते हैं, ताकि हम सब ख़ुशक़िस्मत बन सकें?"

"हाँ! हाँ! बहुत बढ़िया रहेगा!" उत्सुक श्रोताओं के बढ़ते समूह ने जवाब दिया।

इस पर अरक़ाद ने आगे कहा, "चर्चा शुरू करने से पहले आप लोग मुझे बताएँ कि आप में से किन लोगों को हमारे मित्र कपड़ों के बुनकर की तरह के अनुभव हुए हैं, जब उन्हें बिना कोशिश के बहुमूल्य ख़ज़ाने या रत्न मिले हों।"

एक चुप्पी छा गई। सबने एक-दूसरे की तरफ़ देखा, परंतु कोई भी कुछ नहीं बोला।

अरक़ाद ने पूछा, "क्या ऐसा और किसी के साथ नहीं हुआ? फिर तो इस तरह की ख़ुशक़िस्मती बहुत ही दुर्लभ होगी। अब आप में से कोई यह सुझाव दे कि हम अपनी खोज कहाँ से शुरू करें?"

अच्छे कपड़े पहने हुए एक युवक ने कहा, "मैं बताता हूँ। जब कोई व्यक्ति ख़ुशक़िस्मती के बारे में बातें करता है, तो क्या यह स्वाभाविक नहीं है कि उसके विचार जुए की टेबल (गेमिंग टेबल) की ओर मुड़ें? क्या वहाँ हमें ऐसे लोग नहीं मिलते हैं, जो जीतने के लिए देवी की कृपा चाहते हैं?"

उसके बैठने के बाद एक आवाज़ सुनाई दी, "रुको मत! अपनी बात पूरी करो! हमें बताओ, क्या जुए की टेबल पर देवी ने तुम पर कृपा की थी? क्या क्यूब में लाल हिस्सा ऊपर आया था और तुमने जुएघर के मालिक से ढेर सारा धन जीत लिया था? या फिर क्यूब का नीला हिस्सा ऊपर आया था, जिससे जुएघर का मालिक तुम्हारा मेहनत से कमाया गया धन बटोरकर ले गया था?"

युवक ने हँसकर जवाब दिया, "मुझे यह स्वीकार करने में कोई संकोच नहीं है कि सौभाग्य की देवी को तो शायद यह मालूम ही नहीं था कि मैं वहाँ पर था। परंतु आप में से बाक़ी लोगों के साथ तो ऐसा हुआ होगा? क्या आपने पाया है कि देवी ऐसी जगहों पर आपका इंतज़ार कर रही थी और क्यूब को फ़ायदे के लिए पलट रही थी? हम यह सुनने और सीखने के लिए उत्सुक हैं।"

अरक़ाद ने कहा, "बहुत ही समझदारीपूर्ण शुरुआत है। हम यहाँ

पर हर प्रश्न के सभी पहलुओं पर विचार-विमर्श करने के लिए इकट्ठे हुए हैं। जुए की टेबल को नज़रअंदाज़ करना अधिकांश लोगों की उस प्रबल भावना को नज़रअंदाज़ करना है, जिसमें व्यक्ति कुछ चाँदी के सिक्के दाँव पर लगाने के बाद ढेर सारी स्वर्ण-मुद्राएँ जीतने की आशा करता है।"

एक अन्य श्रोता ने कहा, "इससे मुझे कल की घुड़दौड़ की याद आ गई। अगर सौभाग्य की देवी जुएघर में मिल सकती है, तो निश्चित रूप से वह घुड़दौड़ों को भी नज़रअंदाज़ नहीं करती होगी, जहाँ सजे हुए रथ और तेज़ गति से दौड़ते घोड़े बहुत ज़्यादा रोमांच प्रदान करते हैं। हमें ईमानदारी से बताएँ अरक़ाद कि क्या उसने आपके कान में धीरे से यह फुसफुसा दिया था कि आप कल निनेवे के भूरे घोड़ों पर अपना दाँव लगाएँ। मैं आपके ठीक पीछे ही खड़ा था और जब मैंने सुना कि आप उन भूरे घोड़ों पर दाँव लगा रहे हैं, तो मुझे अपने कानों पर यक़ीन नहीं हुआ। हम सब जानते हैं, जिनमें आप भी शामिल हैं, कि निष्पक्ष दौड़ में पूरे एसीरिया में कोई भी घोड़ा हमारे प्रिय घोड़ों को नहीं हरा सकता।"

"क्या देवी ने आपके कान में चुपके से कह दिया था कि भूरे घोड़ों पर दाँव लगा दो ? क्योंकि आख़िरी चक्कर में अंदर वाला काला घोड़ा लड़खड़ा गया था, जिससे हमारे घोड़ों की राह में बाधा आ गई और भूरे घोड़े रेस में जीत गए, हालाँकि वे इस योग्य नहीं थे।"

अरक़ाद ने इस ठिठोली पर मुस्कराते हुए कहा, "हमारे पास यह महसूस करने का क्या कारण है कि सौभाग्य की देवी घुड़दौड़ में किसी व्यक्ति के दाँव में इतनी रुचि लेंगी ? मेरे लिए वे प्रेम और गरिमा की देवी हैं, जो ज़रूरतमंद लोगों की मदद करती हैं और योग्य लोगों को पुरस्कार देती हैं। मैं जुएघर या घुड़दौड़ों में उनकी तलाश नहीं करता हूँ, जहाँ ज़्यादातर लोग धन कमाने के बजाय गँवाते हैं। इसके बजाय मैं दूसरी जगहों पर उनकी तलाश करता हूँ, जहाँ इंसानों के काम ज़्यादा महत्वपूर्ण और पुरस्कार के योग्य होते हैं।"

"चाहे ख़ेती हो या ईमानदारी से किया जाने वाला व्यवसाय, सभी

कामों में इंसान के पास अपनी कोशिशों और सौदों से लाभ कमाने का अवसर होता है। शायद हमेशा उसे पुरस्कार नहीं मिलेगा, क्योंकि कई बार उसका निर्णय ग़लत हो सकता है और कई बार हवाएँ तथा मौसम उसकी कोशिशों पर पानी फेर सकते हैं। बहरहाल, अगर उसमें लगन होगी, तो आम तौर पर उसे हमेशा लाभ होगा, क्योंकि लाभ का अवसर हमेशा उसके पक्ष में होता है।"

"परंतु जब कोई व्यक्ति जुए की टेबल पर जुआ खेलता है, तो स्थिति उल्टी होती है। यहाँ पर लाभ का अवसर हमेशा जुएघर के मालिक के पक्ष में होता है। जुआ इस तरह से खिलाया जाता है, ताकि वह हमेशा मालिक के पक्ष में रहे। यह उसका व्यवसाय है, जिसमें वह खिलाड़ियों के दाँव से लाभ कमाने की योजना बनाता है। जुआ खेलने वाले बहुत कम लोग यह बात जानते हैं कि जुएघर के मालिक का लाभ कितना सुनिश्चित होता है और उनके जीतने की संभावना कितनी अनिश्चित होती है।"

"उदाहरण के लिए, हम क्यूब पर लगाए गए दाँवों के बारे में विचार करें। जब भी इसे फेंका जाता है, तो हम इस बात पर दाँव लगाते हैं कि कौन सा हिस्सा सबसे ऊपर आएगा। लाल हिस्सा आने पर जुएघर का मालिक हमें दाँव पर लगे धन का चार गुना देगा। परंतु अगर बाक़ी पाँच हिस्सों में से कोई भी हिस्सा ऊपर आता है, तो हमने दाँव पर जो पैसा लगाया था, वह डूब जाएगा। इस तरह हर दाँव में हमारे हारने की संभावना पाँच गुनी है, परंतु चूँकि मालिक जीतने पर सिर्फ़ चार गुना पैसा देता है, इसलिए हमारे जीतने की संभावना चार गुनी है। एक रात के खेल में जुएघर का मालिक दाँव पर लगाए गए पूरे धन का पाँचवाँ हिस्सा या बीस प्रतिशत लाभ में कमाने की उम्मीद कर सकता है। जब स्थिति इस प्रकार की हो, जिसमें व्यक्ति अपने लगाए गए सभी दाँवों पर बीस प्रतिशत धन गँवा दे, तो वह सिर्फ़ कभी-कभार ही जीतने की उम्मीद कर सकता है!"

एक श्रोता ने कहा, "बहरहाल, कई बार कुछ लोग बहुत बड़ी रक़म जीत लेते हैं।"

अरक़ाद ने कहा, "हाँ, ऐसा भी होता है। सवाल यह है कि क्या उन ख़ुशक़िस्मत लोगों के लिए इस तरह से हासिल किए गए धन का कोई स्थायी महत्व होता है? मैं बैबिलॉन के कई सफल लोगों को जानता हूँ, परंतु उनमें से एक भी ऐसा नहीं है, जिसने अपनी सफलता की शुरुआत जुएघर की टेबल से की हो।"

"आप लोग भी कई धनवान लोगों को जानते होंगे। मैं यह जानना चाहूँगा कि हमारे सफल नागरिकों में से कितने अपनी सफलता की शुरुआत का श्रेय जुएघर को दे सकते हैं। क्या आप ऐसे लोगों को जानते हैं?"

लंबी ख़ामोशी के बाद एक मसखरे ने पूछा, "क्या हम जुएघर के मालिकों को इस जाँच में शामिल कर सकते हैं?"

अरक़ाद बोला, "अगर आप किसी और के बारे में नहीं सोच सकते, तो फिर अपने बारे में कहें? क्या हमारे बीच में ऐसे लोग हैं, जो जुए में लगातार जीतते हैं, परंतु अपनी आमदनी के लिए इस तरह के स्रोत की सलाह देने में झिझक रहे हैं?"

इस चुनौती पर पीछे से आह भरने की आवाज़ें आईं और फिर लोग हँसने लगे।

अरक़ाद ने कहा, "ऐसा लगता है कि हमें ख़ुशक़िस्मती उन जगहों पर नहीं मिलती है, जहाँ देवी अक्सर रहती हैं। इसलिए अब हम दूसरे क्षेत्रों की तलाश करते हैं। हमने पाया है कि ख़ुशक़िस्मती का ग़ुम हो गए पर्स उठाने से कोई संबंध नहीं है, न ही इसका संबंध जुए से है। जहाँ तक घुड़दौड़ का सवाल है, मैं यह स्वीकार करना चाहता हूँ कि मैंने इसमें जितना धन जीता है, उससे बहुत ज़्यादा धन गँवाया है।"

"अब हम अपने व्यवसायों पर विचार करते हैं। जब हम कोई लाभकारी सौदा करते हैं, तो क्या यह स्वाभाविक नहीं है कि हम इसे ख़ुशक़िस्मती मानने के बजाय अपनी मेहनत का उचित पुरस्कार मानते हैं? मैं सोचता हूँ कि ऐसा करके हम देवी के उपहारों को नज़रअंदाज़ कर

देते हैं। शायद वे सचमुच हमारी मदद करती हैं, परंतु हम उनकी उदारता के लिए उनके शुक्रगुज़ार नहीं होते हैं। कौन इस विषय पर चर्चा आगे बढ़ा सकता है?"

इस पर एक वृद्ध व्यापारी उठा और अपने सफ़ेद वस्त्र की सलवटें ठीक करते हुए बोला, "अरक़ाद, आपकी और अपने मित्रों की अनुमति से मैं एक सुझाव देना चाहता हूँ। जैसा आपने कहा है, अगर हम अपने व्यापार की सफलता के लिए अपनी मेहनत और योग्यता को श्रेय देते हैं, तो उन सफलताओं और बहुत लाभदायक चीज़ों के बारे में क्यों न सोचें, जो हमें लगभग मिलने वाली थीं, परंतु आख़िरी मिनट पर नहीं मिलीं। अगर वे सचमुच हो जातीं, तो वे ख़ुशक़िस्मती का दुर्लभ उदाहरण होतीं। चूँकि वे पूर्ण नहीं हो पाईं, इसलिए हम उन्हें अपना उचित पुरस्कार नहीं मान सकते। निश्चित रूप से यहाँ बैठे कई लोग इस तरह के अनुभव बता सकते होंगे।"

अरक़ाद ने सहमत होते हुए कहा, "यह समझदारी भरा सुझाव है। ख़ुशक़िस्मती आप में से कितनों की मुट्ठी में थी, परंतु आख़िरी मिनट पर फिसल गई?"

कई हाथ उठे, जिनमें उस व्यापारी का हाथ भी था। अरक़ाद ने उसे बोलने का मौक़ा दिया, "चूँकि आपने ही यह सुझाव दिया है, इसलिए हम सबसे पहले आपके मुँह से इसके बारे में सुनना चाहेंगे।"

व्यापारी ने कहा, "मैं ख़ुशी-ख़ुशी अपने जीवन की एक घटना बताऊँगा। इससे आप यह जान जाएँगे कि ख़ुशक़िस्मती के क़रीब आने पर भी इंसान अंधों की तरह उसे अपने हाथ से निकल जाने देता है, जिससे उसे नुक़सान होता है और वह बाद में पछताता है।"

"कई साल पहले मैं युवा था और मेरी कुछ समय पहले ही शादी हुई थी। उन दिनों मैं कमाना शुरू कर रहा था। एक दिन मेरे पिताजी मेरे पास आए और उन्होंने ज़ोर देकर मुझसे कहा कि मैं एक योजना में अपने धन का निवेश कर दूँ। उनके एक अच्छे मित्र के पुत्र ने भूमि का एक

ख़ाली टुकड़ा देखा था, जो हमारे शहर की बाहरी दीवारों से ज़्यादा दूर नहीं था। वह टुकड़ा नहर के काफ़ी ऊपर था और वहाँ पानी नहीं पहुँच सकता था।"

"मेरे पिता के मित्र के पुत्र ने एक योजना बनाई कि वह इस ज़मीन को ख़रीद लेगा, बैलों द्वारा चलने वाले तीन बड़े रहट बनाएगा और इस तरह से जीवनदायी पानी को उपजाऊ भूमि तक पहुँचाएगा। उसकी योजना यह थी कि ऐसा करने के बाद वह इस ज़मीन के प्लॉट काट देगा और शहर के नागरिकों को सब्ज़ी उगाने के लिए बेच देगा।"

"मेरे पिता के मित्र के पुत्र के पास इस काम के लिए पर्याप्त धन नहीं था। मेरी ही तरह उसकी आमदनी भी सामान्य थी। उसके पिता भी मेरे पिता की तरह ही बड़े परिवार और कम संसाधनों वाले थे। इसलिए उसने कुछ लोगों को अपना पार्टनर बनाने का फ़ैसला किया। उसे बारह लोगों की ज़रूरत थी, जिनमें से हर एक कमाता हो और वह अपनी कमाई का दसवाँ हिस्सा उस अभियान में तब तक देने के लिए सहमत हो, जब तक कि ज़मीन बिकने के लिए तैयार न हो जाए। योजना यह थी कि ज़मीन बिकने के बाद सब लोग अपने निवेश के अनुपात में लाभ को आपस में बाँट लेंगे।"

मेरे पिता ने मुझसे कहा, 'बेटे, तुम अभी जवान हो। मेरी यह प्रबल इच्छा है कि तुम अपने लिए बहुमूल्य जायदाद बना लो, ताकि लोग तुम्हारा सम्मान करें। अपने पिता की नासमझी और ग़लतियों के ज्ञान से लाभ उठाओ।'

मैंने जवाब दिया, 'मेरी भी यह प्रबल इच्छा है।'

"तो मैं तुम्हें यह सलाह देता हूँ। वह करो, जो मुझे तुम्हारी उम्र में करना चाहिए था। अपनी आमदनी के दसवें हिस्से को लाभकारी निवेशों के लिए अलग रख दो। अपनी आमदनी के इस दसवें हिस्से और इससे मिलने वाले ब्याज की मदद से मेरी उम्र तक पहुँचने से पहले तुम बहुमूल्य जायदाद बना सकते हो।"

"पिताजी, आपने बहुत समझदारी की बात कही है। मैं अमीर बनना चाहता हूँ। परंतु मेरी आमदनी के साथ बहुत से ख़र्चे भी जुड़े हैं। इसलिए मैं आपके सुझाव पर अमल करने से झिझक रहा हूँ। मैं अभी जवान हूँ। अभी मेरे पास बहुत समय है।"

"तुम्हारी उम्र में मैंने भी यही सोचा था, परंतु देखो, साल गुज़रते चले गए और मैं शुरुआत भी नहीं कर पाया।"

"अब ज़माना बदल गया है, पिताजी। मैं आपकी ग़लतियों से बचूँगा।"

"अवसर तुम्हारे सामने खड़ा है, बेटे। यह तुम्हें एक ऐसा मौक़ा दे रहा है, जो दौलत की ओर ले जा सकता है। मेरा तुमसे यही कहना है, देर मत करो। कल सुबह ही मेरे मित्र के पुत्र के पास जाओ और उससे यह सौदा कर लो कि इस निवेश में तुम अपनी दस प्रतिशत आमदनी लगाओगे। तत्काल कल सुबह चले जाना। अवसर किसी का इंतज़ार नहीं करता। आज यह सामने होता है, परंतु कल दूर चला जाता है। इसलिए देर मत करो!"

"अपने पिता की सलाह के बावज़ूद मैं झिझकता रहा। पूर्वी देशों से व्यापारी नए सुंदर वस्त्र लाए थे, जो इतने आकर्षक और बढ़िया लग रहे थे कि मैंने और मेरी पत्नी ने महसूस किया कि हमें उन्हें ख़रीद लेना चाहिए। अगर मैं उस अभियान में अपनी दस प्रतिशत आमदनी का निवेश करने के लिए तैयार हो जाता, तो हम उन वस्त्रों को नहीं ख़रीद पाते और कई अन्य आनंदों से भी वंचित रह जाते, जिन्हें हम बहुत चाहते थे। मैंने निर्णय लेने में तब तक देर लगाई, जब तक कि बहुत देर नहीं हो गई। बाद में मैं इस पर बहुत पछताया। वह अभियान उम्मीद से ज़्यादा फ़ायदेमंद साबित हुआ। मेरी कहानी यह बताती है कि मैंने किस तरह ख़ुशक़िस्मती को अपने पास से निकल जाने दिया।"

रेगिस्तान से आए एक साँवले आदमी ने कहा, "इस कहानी में हम देखते हैं कि *ख़ुशक़िस्मती उस व्यक्ति के पास आती है, जो अवसर को*

स्वीकार करता है।" जायदाद बनाने के लिए हमेशा एक शुरुआत करना पड़ती है। शुरू में यह सोने या चाँदी के कुछ सिक्कों तक सीमित होती है, जिन्हें इंसान अपनी आमदनी में से बचाकर अपना पहला निवेश करता है। मैं ख़ुद कई मवेशियों का मालिक हूँ। मवेशी पालने की शुरुआत मैंने बचपन में ही कर दी थी, जब मैंने चाँदी के एक सिक्के से एक बछिया ख़रीदी थी। चूँकि यह मेरी दौलत की शुरुआत थी, इसलिए मेरे लिए यह बहुत महत्वपूर्ण थी।

"पहली शुरुआत के बाद जायदाद बनाना ख़ुशक़िस्मती से हर इंसान के बूते की बात है। पहला क़दम बहुत महत्वपूर्ण है। इस क़दम को उठाने के बाद इंसान मेहनत से धन कमाने वाले व्यक्ति के बजाय अपने निवेश से लाभ कमाने वाले व्यक्ति में बदल जाता है। सौभाग्य से कुछ लोग कम उम्र में ही यह क़दम उठा लेते हैं। इसी वजह से वे आर्थिक क्षेत्र में उन लोगों से ज़्यादा सफल हो जाते हैं, जो यह क़दम बाद में उठाते हैं। वे उन दुर्भाग्यशाली लोगों से तो बहुत ज़्यादा सफल होते हैं, जो यह क़दम कभी नहीं उठाते हैं, जैसा इस व्यापारी के पिता के साथ हुआ था।"

"अगर मेरे व्यापारी मित्र ने अवसर सामने आने पर अपनी जवानी में यह क़दम उठा लिया होता, तो आज उसे दुनिया की बहुत सी अच्छी चीज़ों का वरदान मिला होता। अगर हमारे बुनकर मित्र ने उस समय यह क़दम उठा लिया होता, तो आज उसके पास काफ़ी दौलत होती।"

दूसरे देश से आए एक अजनबी ने खड़े होकर कहा, "धन्यवाद! मैं भी कुछ बोलना चाहता हूँ। मैं सीरिया का हूँ। मैं आपकी भाषा अच्छी तरह नहीं बोल पाता हूँ। मैं इस व्यापारी मित्र को एक नाम से पुकारना चाहता हूँ। शायद आप सोचेंगे कि यह शालीन नाम नहीं है। परंतु मैं फिर भी उसे उस नाम से पुकारना चाहता हूँ। परंतु मुझे आपकी भाषा का वह शब्द नहीं मालूम। अगर मैं इसे सीरिया की भाषा में बोलूँ, तो आप उसे समझ नहीं पाएँगे। इसलिए मेरे मित्रों, मुझे बताएँ कि आप उस आदमी को क्या कहते हैं, जो अपने लिए फ़ायदेमंद साबित होने वाले कामों को भी

टालता रहता है।"

एक आवाज़ आई, "टालमटोल करने वाला।"

"वही," सीरिया के निवासी ने अपने हाथों को रोमांच से लहराते हुए कहा, "जब अवसर आता है, तो वह उसे स्वीकार नहीं करता है। वह इंतज़ार करता है। वह कहता है मेरे सामने अभी बहुत काम पड़ा है। मैं धीरे-धीरे यह काम करूँगा। अवसर इस तरह के ढीले आदमी का इंतज़ार नहीं करेगा। अवसर सोचता है कि अगर इंसान ख़ुशक़िस्मत बनना चाहता है, तो उसे तत्काल क़दम उठाना चाहिए। अवसर सामने आने पर जो व्यक्ति तत्काल क़दम नहीं उठाता है, वह हमारे व्यापारी मित्र की तरह टालमटोल करने वाला होता है।"

व्यापारी उठकर खड़ा हुआ और सिर झुकाकर लोगों की हँसी पर प्रतिक्रिया करते हुए बोला, "अजनबी, आप हमारे मेहमान हैं! मैं आपकी प्रशंसा करता हूँ, जो आपने सच्ची बात बोलने में ज़रा भी हिचक नहीं दिखाई।"

अरक़ाद ने कहा, "खोए हुए अवसर की एक और कहानी हमें कौन सुनाएगा?"

लाल वस्त्र पहने एक अधेड़ व्यक्ति ने कहा, "मैं सुनाऊँगा। मैं मवेशियों का ख़रीदार हूँ, ख़ास तौर पर ऊँटों और घोड़ों का। कई बार मैं भेड़-बकरियाँ भी ख़रीद लेता हूँ। एक रात को अवसर मेरे सामने अचानक आया, जब मैं इसकी बिलकुल भी उम्मीद नहीं कर रहा था। शायद इसी वजह से मैंने इसे अपने हाथ से फिसल जाने दिया। बेहतर होगा कि फ़ैसला आप ही करें।"

मैं ऊँट ख़रीदने के लिए शहर से बाहर गया था। दस दिनों की निराशाजनक यात्रा के बाद जब मैं लौटा, तो मुझे यह देखकर ग़ुस्सा आया कि रात होने की वजह से शहर का द्वार बंद हो चुका था और उस पर ताले भी लग चुके थे। मेरे नौकरों ने रात काटने के लिए तंबू लगाए। बहरहाल हम सोच रहे थे कि हमारे पास बहुत कम भोजन है और पानी

तो बिल्कुल भी नहीं है, इसलिए यह रात मुश्किल से कटेगी। उसी समय एक बूढ़ा किसान मेरे पास आया, जो शहर के द्वार का ताला बंद हो जाने के कारण हमारी ही तरह बाहर रह गया था।

उसने मुझसे कहा, 'आदरणीय श्रीमान्, आपके हुलिए से मुझे लगता है कि आप मवेशियों के ख़रीदार हैं। अगर ऐसा है, तो मैं आपको अपनी बहुत अच्छी भेड़ें बेचना चाहूँगा, जिन्हें मैं अभी-अभी लाया हूँ। मेरी पत्नी बहुत बीमार है और उसे बुखार है। मुझे तत्काल लौटना होगा। आप मेरी भेड़ें ख़रीद लें, ताकि मैं और मेरे नौकर ऊँटों पर सवार होकर बिना देर किए तत्काल घर लौट जाएँ।'

इतना अँधेरा था कि मैं उसकी भेड़ों को नहीं देख सकता था, हालाँकि उनकी आवाजों से मैं समझ गया कि रेवड़ बहुत बड़ा होगा। मैंने ऊँटों की तलाश में अपने दस दिन बर्बाद कर दिए थे, परंतु मुझे अच्छे ऊँट नहीं मिल पाए थे, इसलिए मैं उसके साथ ख़ुशी-ख़ुशी सौदेबाज़ी करने लगा। वह मुश्किल में था, इसलिए उसने बहुत ही वाजिब दाम माँगा। मैंने वह सौदा मंज़ूर कर लिया, क्योंकि मैं अच्छी तरह जानता था कि मेरे नौकर सुबह भेड़ों को हाँककर शहर में ले जाएँगे और उन्हें बेचने से हमें काफ़ी लाभ होगा।

सौदा होने के बाद मैंने अपने नौकरों से मशालें लेकर आने को कहा, ताकि हम किसान की ९०० भेड़ों को गिन सकें। मित्रो, मैं आपको यह वर्णन सुनाकर बोर नहीं करूँगा कि इतनी सारी प्यासी, भूखी और बेचैन भेड़ों को गिनने में हमें कितनी मुश्किलें आईं। यह एक असंभव काम साबित हो रहा था। इसलिए मैंने उस किसान से साफ़-साफ़ कह दिया कि सुबह होने के बाद मैं भेड़ गिनूँगा और तभी उसे पैसे दूँगा।

उसने आग्रह किया, 'मेहरबानी करके आप आज रात को मुझे दो तिहाई क़ीमत ही दे दें, ताकि मैं अपने घर लौट सकूँ। मैं अपने सबसे समझदार और शिक्षित सेवक को आपके पास छोड़ जाऊँगा, जो सुबह भेड़ गिनने में आपकी मदद करेगा। वह विश्वसनीय है और आप बाक़ी का एक-तिहाई पैसा उसे दे सकते हैं।'

"परंतु मैंने ज़िद पकड़ ली और रात को पैसे देने से इंकार कर दिया। अगली सुबह मेरे उठने से पहले ही शहर का द्वारा खुला और चार ख़रीदार भेड़ों की तलाश में बाहर भागते हुए आए। वे बहुत उत्सुक थे और ऊँची क़ीमतें देने को तैयार थे, क्योंकि शहर पर युद्ध की घेराबंदी का ख़तरा मँडरा रहा था और भोजन पर्याप्त नहीं था। किसान मुझे जितनी क़ीमत पर भेड़ें देने के लिए तैयार हुआ था, उसे उससे लगभग तीन गुना ज़्यादा क़ीमत मिली। यह बहुत ही बढ़िया अवसर था, जो मैंने अपने ही हाथों से गँवा दिया।"

अरक़ाद ने टिप्पणी की, "यह बहुत ही असामान्य कहानी है। इससे हमें क्या शिक्षा मिलती है?"

घोड़े की जीन बनाने वाले ने कहा, "इससे हमें यह शिक्षा मिलती है कि जब हमें विश्वास हो कि हमारा सौदा समझदारीपूर्ण है, तो हमें तत्काल पैसे दे देना चाहिए। अगर सौदा अच्छा है, तो आपको दूसरों के अलावा ख़ुद की कमज़ोरियों से भी अपनी रक्षा करने की ज़रूरत होती है। इंसानों के विचार बदलते रहते हैं। मैं तो यह कहूँगा कि हम अपना मन तेज़ी से बदल लेते हैं और ऐसा तब अधिक होता है, जब हम ग़लत नहीं, बल्कि सही होते हैं। ग़लत निर्णयों के बारे में हम ज़िद्दी होते हैं, परंतु सही निर्णय लेने के बाद हम हिचकिचाते हैं और अवसर को अपने हाथ से फिसल जाने देते हैं। मेरा पहला निर्णय मेरा सर्वश्रेष्ठ निर्णय होता है। परंतु मैंने हमेशा यह पाया है कि अच्छा सौदा करने के बाद मैं हिचकिचाता हूँ और टालमटोल करता हूँ। इसलिए अपनी कमज़ोरी से बचने के लिए मैं तत्काल उस सौदे का बयाना दे देता हूँ। इससे मैं ख़ुशक़िस्मती के अवसरों को गँवाने के पश्चाताप से बच जाता हूँ।"

सीरिया के निवासी ने एक बार फिर खड़े होकर कहा, "धन्यवाद! मैं एक बार फिर बोलना चाहता हूँ। ये कहानियाँ लगभग एक सी हैं। हर बार अवसर एक ही कारण से दूर भाग जाता है। हर बार वह टालमटोल करने वाले के पास आता है और एक अच्छी योजना पेश करता है। हर बार टालमटोल करने वाला हिचकिचाता है। वह यह नहीं कहता कि अभी

सबसे अच्छा समय है, मैं यह काम तत्काल कर देता हूँ। इसके बजाय वह टालमटोल करता है। आदमी इस तरह सफल कैसे हो सकता है?"

ख़रीदार ने कहा, "आपके शब्दों में समझदारी है। ख़ुशक़िस्मती इन दोनों ही कहानियों में टालमटोल करने के कारण दूर भाग गई थी। बहरहाल, यह असामान्य नहीं है। टालमटोल करने की प्रवृत्ति सबमें होती है। हम दौलत चाहते हैं, परंतु जब अवसर हमारे सामने आता है, तो टालमटोल की प्रवृत्ति के कारण हम उसे तत्काल स्वीकार नहीं करते हैं और इस तरह हम अपने सबसे बड़े दुश्मन बन जाते हैं।"

"अपनी जवानी में मैं टालमटोल शब्द को नहीं जानता था, जो हमारे सीरिया के मित्र को इतना पसंद आया है। मैं पहले तो यह सोचता था कि मेरे ग़लत निर्णयों के कारण मेरे हाथ से कई लाभदायक सौदे निकल गए। बाद में मैंने अपने ज़िद्दी स्वभाव को इसके लिए दोष दिया। बहरहाल, अंत में मुझे सच्चाई का पता चल गया। मैंने जान लिया कि जब मुझे काम करना चाहिए था, जब मुझे तत्काल और निर्णायक काम करना चाहिए था, तब मैं अनावश्यक रूप से देर कर रहा था। जब मुझे सच्चाई पता चली, तो मुझे बहुत चिढ़ हुई। जंगली खच्चर को किसी रथ में जोतने पर वह बहुत कटु हो ज़ाता है। उतनी ही कटुता से मैंने अपनी सफलता के इस दुश्मन से अपना पीछा छुड़ाया।"

"धन्यवाद! मैं अब अपने व्यापारी मित्र से एक सवाल पूछना चाहता हूँ। आप अच्छे कपड़े पहनते हैं। आपके कपड़े ग़रीबों जैसे नहीं हैं। आप सफल व्यक्ति की तरह बोलते हैं। हमें बताएँ, जब टालमटोल आपके कानों में कुछ कहती है, तो क्या आप अब भी उसकी बात सुनते हैं?"

व्यापारी ने जवाब दिया, "ख़रीदार मित्र की तरह मुझे भी टालमटोल को पहचानना और जीतना पड़ा। यह मेरी दुश्मन थी, जो हमेशा मेरी सफलताओं में बाधा डालने की ताक में रहती थी। मैंने जो कहानी सुनाई है, उस तरह के बहुत से उदाहरण हैं, जिनके द्वारा मैं बता सकता हूँ कि टालमटोल की वजह से मेरे अवसर किस तरह दूर चले गए। एक बार

समझ लेने के बाद टालमटोल को जीतना मुश्किल नहीं होता। कोई भी व्यक्ति स्वेच्छा से चोर को अपना अनाज चुराने नहीं देता है। न ही कोई व्यक्ति शत्रुओं को अपने ग्राहकों को दूर भगाने की छूट देता है, क्योंकि इससे उसका मुनाफ़ा कम हो जाएगा। जब मैंने यह पहचान लिया कि मेरा दुश्मन इस तरह के काम कर रहा है, तो मैंने संकल्प के साथ उस पर विजय पाई। अगर कोई व्यक्ति बैबिलॉन की प्रचुर दौलत में हिस्सेदार बनना चाहता है, तो सबसे पहले उसे अपनी टालमटोल की भावना पर विजय पाना होगी।"

"अरक़ाद, आप क्या कहते हैं? चूँकि आप बैबिलॉन के सबसे अमीर व्यक्ति हैं, इसलिए कई लोग कहते हैं कि आप सबसे ज़्यादा ख़ुशक़िस्मत व्यक्ति भी हैं। क्या आप मेरी इस बात से सहमत हैं कि कोई भी आदमी जब तक टालमटोल की भावना को पूरी तरह नष्ट नहीं कर देता, तब तक वह बड़ी सफलता नहीं पा सकता?"

अरक़ाद ने स्वीकार किया, "जैसा आप कहते हैं, बिल्कुल वैसा ही है। मेरे लंबे जीवन में मैंने कई पीढ़ियों को व्यवसाय, विज्ञान और ज्ञान के उन क्षेत्रों में आगे बढ़ते देखा है, जो ज़िंदगी में सफलता की राह पर ले जाते हैं। अवसर उन सब लोगों के पास आए थे। बहरहाल, कुछ ने अपने सामने आए अवसरों का लाभ उठाया और अपनी गहनतम इच्छाओं की संतुष्टि की ओर आगे बढ़ते रहे, परंतु अधिकांश लोग झिझके, लड़खड़ाए और पीछे रह गए।"

अरक़ाद कपड़े के बुनकर की ओर मुड़ा, "आप ही ने यह सुझाव दिया था कि हम ख़ुशक़िस्मती पर बहस करें। अब आप इस बारे में क्या सोचते हैं?"

"अब मैं ख़ुशक़िस्मती को एक अलग रोशनी में देख रहा हूँ। मैंने सोचा था कि ख़ुशक़िस्मत होने के लिए इंसान को कोई कोशिश नहीं करना पड़ती। अब मुझे यह एहसास हो गया है कि इंसान बिना कुछ किए ख़ुशक़िस्मती को अपनी ओर आकर्षित नहीं कर सकता। इस चर्चा से मैंने यह सीखा है कि *ख़ुशक़िस्मती को आकर्षित करने के लिए अवसरों का*

लाभ उठाना ज़रूरी है। मैं अपने सामने आने वाले अवसरों का अधिकतम लाभ उठाने की कोशिश करूँगा।"

अरक़ाद ने जवाब दिया, "आपने हमारी चर्चा के सत्य को बहुत अच्छी तरह से पकड़ लिया है। हमने यह पाया है कि अक्सर ख़ुशक़िस्मती अवसर के पीछे आती है। यह शायद ही कभी किसी दूसरे रूप में आती है। हमारा व्यापारी मित्र बहुत ख़ुशक़िस्मत होता, अगर उसने सौभाग्य की देवी द्वारा दिए गए अवसर को स्वीकार कर लिया होता। इसी तरह हमारा ख़रीदार मित्र भी ख़ुशक़िस्मत होता, अगर उसने मवेशियों को समय पर ख़रीद लिया होता और उन्हें तीन गुने लाभ पर बेचा होता।"

हमने यह चर्चा इसलिए शुरू की थी, ताकि हम ख़ुशक़िस्मती को अपनी ओर आकर्षित करने का तरीक़ा खोज सकें। मुझे लगता है कि हमने वह तरीक़ा खोज लिया है। दोनों ही कहानियों से यह निष्कर्ष निकलता है कि ख़ुशक़िस्मती अवसर में छुपी होती है। चाहे ख़ुशक़िस्मती का लाभ उठाया गया हो या नहीं उठाया गया हो, इस सत्य को बदला नहीं जा सकता : *अवसरों को स्वीकार करके ख़ुशक़िस्मती को आकर्षित किया जा सकता है।*

जो लोग प्रगति के अवसरों का लाभ लेने के लिए तत्पर रहते हैं, उनमें सौभाग्य की देवी रुचि लेती है। वे हमेशा उन लोगों की मदद करने की इच्छुक होती हैं, जो उन्हें ख़ुश करते हैं; और कर्मशील व्यक्ति उन्हें सबसे ज़्यादा ख़ुश करते हैं।

"कर्म आपको सफलता की ओर ले जाएगा।"

सौभाग्य की देवी कर्मशील व्यक्तियों पर कृपा करती हैं।

✧ ✧ ✧

धन के पाँच नियम

"अगर आपके सामने एक तरफ़ सोने की मोहरों से भरी थैली रख दी जाए और दूसरी तरफ़ बुद्धिमत्ता के शब्दों से भरा मृदापत्र रख दिया जाए, तो आप दोनों में से किसे चुनेंगे?"

रेगिस्तानी झाड़ियों की आग की हिलती रोशनी में श्रोताओं के झुलसे चेहरों पर दिलचस्पी की चमक साफ़ नज़र आ रही थी।

सत्ताईस लोगों ने एक साथ कहा, "सोने की मोहरों से भरी थैली।"

बूढ़ा कालाबाब समझदारी से मुस्कराया।

उसने अपना हाथ उठाकर उन्हें चुप कराया और कहा, "रात में आवारा कुत्तों के भौंकने की आवाज़ सुनो। वे इसलिए चिल्ला रहे हैं और रो रहे हैं, क्योंकि वे भूख से व्याकुल हैं। परंतु अगर उन्हें खाना मिल जाए, तो उसके बाद वे क्या करेंगे? वे लड़ने लगेंगे और घमंड से इतराते हुए चलने लगेंगे। वे आने वाले कल की तरफ़ ध्यान नहीं देंगे, जो निश्चित रूप से आएगा ही।"

इंसान भी यही करते हैं। अगर उन्हें सोने और बुद्धिमानी में से

किसी एक को चुनने के लिए कहा जाता है, तो वे क्या करते हैं? वे बुद्धिमानी को नज़रअंदाज़ कर देते हैं और सोने को बर्बाद कर देते हैं। आने वाले कल में वे दुबारा रोएँगे, क्योंकि उनके पास अब सोना नहीं बचा है।

"सोना या धन उन लोगों को ही मिलता है, जो इसके नियम जानते हैं और उनका पालन करते हैं।"

कालाबाब ने अपने सफ़ेद दुशाले को अपने दुबले पैरों पर समेटा, क्योंकि रात की ठंडी हवा बह रही थी।

"तुम लोगों ने इस लंबी यात्रा में वफ़ादारी से मेरी सेवा की है। तुमने मेरे ऊँटों की अच्छी देखभाल की है। तुमने रेगिस्तान की गर्म रेत पर बिना शिकायत किए मेहनत की है। तुमने उन डकैतों का बहादुरी से मुक़ाबला किया है, जो मेरा सामान लूटना चाहते थे। इसलिए मैं आज रात को तुम्हें धन के पाँच नियमों की कहानी सुनाऊँगा। तुमने इस तरह की कहानी पहले कभी नहीं सुनी होगी।"

"ध्यान से सुनो, मेरे शब्दों को बहुत ध्यान से सुनो, क्योंकि अगर तुम उनका मतलब समझ लोगे और उनका पालन करोगे, तो भविष्य में तुम भी धनवान बन सकते हो।"

प्रभाव डालने के लिए वह थोड़ी देर रुका। ऊपर बैबिलॉन के नीले आसमान में सितारे चमक रहे थे। उन लोगों के पीछे तंबू बँधे थे, ताकि रेगिस्तान के संभावित तूफ़ानों से रक्षा हो सके। तंबुओं के पास व्यापारिक सामान क़रीने से रखा था और जानवरों की खालों से ढँका था। पास में ही ऊँटों का रेवड़ रेत में बैठा था। कुछ ऊँट संतुष्टि के साथ जुगाली कर रहे थे, बाक़ी खर्राटे ले रहे थे।

"आपने हमें बहुत सी अच्छी कहानियाँ सुनाई हैं, कालाबाब," सामान बाँधने वाले प्रमुख व्यक्ति ने कहा, "हम चाहते हैं कि कल जब आपके साथ हमारी सेवा ख़त्म हो, तो उसके बाद आपके शब्दों का मार्गदर्शन हमारे साथ रहे।"

कालाबाब ने कहा, "मैंने तुम्हें अजीब और सुदूर देशों के अपने अनुभव सुनाए हैं, परंतु आज रात को मैं तुम्हें समझदार और अमीर अरक़ाद की बुद्धिमानी के बारे में बताना चाहता हूँ।"

सामान बाँधने वाले प्रमुख व्यक्ति ने कहा, "हमने उनके बारे में काफ़ी सुना है, क्योंकि वे बैबिलॉन के सबसे अमीर आदमी थे।"

"वे सबसे अमीर आदमी इसलिए बने, क्योंकि वे धन के नियमों को जानते थे। धन के नियम उनसे पहले किसी को भी इतनी अच्छी तरह से मालूम नहीं थे। आज की रात मैं तुम्हें बहुत समझदारी की बातें बताऊँगा, जो उनके बेटे नोमाज़िर ने कई साल पहले निनेवे में मुझे बताई थीं, जब मैं छोटा था।"

"मेरे मालिक और मैं नोमाज़िर के महल में देर रात तक रुके थे। मैं सुंदर कालीनों के बड़े बंडल लाने में अपने मालिक की मदद कर रहा था। नोमाज़िर ने हर क़ालीन की जाँच की, जब तक कि वह रंगों के चयन से पूरी तरह संतुष्ट नहीं हो गया। आख़िरकार वह बहुत ख़ुश हुआ और उसने हमें अपने पास बिठा लिया। उसने हमें बहुत दुर्लभ और ख़ुशबूदार शराब पिलाई, जिसे पीने के बाद मेरे पेट में गर्मी दौड़ गई, क्योंकि मेरे पेट को इस तरह के पेय पदार्थ की आदत नहीं थी।"

"फिर उसने हमें अपने पिता अरक़ाद की समझदारी की यह कहानी सुनाई, जो मैं तुम्हें सुनाने जा रहा हूँ।"

जैसी परंपरा है, बैबिलॉन में दौलतमंद पिताओं के पुत्र हमेशा उनके साथ रहते हैं और उनकी जायदाद विरासत में पाने की आशा करते हैं। अरक़ाद को यह परंपरा पसंद नहीं थी। इसलिए नोमाज़िर के वयस्क होने पर अरक़ाद ने उससे कहा :

"मेरे बेटे, मेरी यह इच्छा है कि तुम मेरी जायदाद के वारिस बनो। परंतु पहले तुम्हें यह साबित करना होगा कि तुम समझदारी से इसे सँभाल सकते हो। इसलिए मैं चाहता हूँ कि तुम दुनिया में बाहर निकलो और धन कमाने तथा लोगों के बीच सम्मान पाने की अपनी योग्यता को साबित

करो।"

"तुम्हें अच्छी तरह से शुरुआत करने के लिए मैं दो चीज़ें देता हूँ, जो मुझे नहीं मिली थीं। जब मैंने दौलत इकट्ठी करना शुरू की थी, तब मैं बहुत ग़रीब था।"

"सबसे पहले तो मैं तुम्हें सोने की मोहरों से भरी यह थैली देता हूँ। अगर तुम इसका समझदारी से उपयोग करोगे, तो यह तुम्हारी भावी सफलता की नींव बन जाएगी।"

"दूसरी बात, मैं तुम्हें यह मृदापत्र देता हूँ, जिस पर धन के पाँच नियम लिखे हैं। अगर तुम इन नियमों के अनुसार चलोगे, तो तुम्हें योग्यता और सुरक्षा ज़रूर मिलेगी।"

"आज से दस साल बाद तुम घर लौटकर अपने अनुभव बताना। अगर तुम ख़ुद को योग्य साबित कर दोगे, तो मैं तुम्हें अपनी जायदाद का वारिस बना दूँगा। वरना मैं यह जायदाद पुरोहितों को दान कर दूँगा, ताकि वे मेरी आत्मा की शांति के लिए देवी-देवताओं से प्रार्थना करें।"

"इस तरह नोमाज़िर ज़िंदगी में कुछ कर दिखाने के लिए चल पड़ा। उसने धन की थैली और मृदापत्र को रेशमी कपड़ों में लपेट लिया। फिर वह घोड़े पर बैठकर अपने नौकर के साथ यात्रा पर चल दिया।"

"दस साल गुज़र गए और जैसा तय हुआ था, नोमाज़िर अपने पिता के घर लौटा। उसके आने की ख़ुशी में उसके पिता ने बेहतरीन दावत दी थी, जिसमें कई रिश्तेदारों और मित्रों को बुलाया गया था। जश्न ख़त्म होने के बाद नोमाज़िर के माता-पिता बड़े हॉल के एक ओर सिंहासन जैसी कुर्सियों पर बैठे और नोमाज़िर उनके सामने खड़े होकर अपने अनुभव सुनाने लगा, जैसा उसने अपने पिता से वायदा किया था।"

"रात हो चुकी थी। कमरे में तेल के दीपकों का धुआँ भरा था। रोशनी मद्धिम थी। सफ़ेद जैकेट पहने नौकर खजूर के लंबे पत्तों से हवा कर रहे थे। पूरे दृश्य में शाही गरिमा थी। नोमाज़िर की पत्नी और उसके दो छोटे पुत्र, परिवार के मित्रों तथा रिश्तेदारों के साथ क़ालीनों पर बैठे थे।

वे सभी नोमाज़िर की बातें सुनने के लिए उत्सुक थे।"

नोमाज़िर ने कहा, "पिताजी, मैं आपकी बुद्धिमत्ता के सामने सिर झुकाता हूँ। दस साल पहले जब मैं युवावस्था की दहलीज़ पर खड़ा था, तो आपने मुझसे कहा था कि मैं बाहर निकलूँ और मर्द बनकर दिखाऊँ, बजाय इसके कि मैं आपकी दौलत विरासत में मिलने का इंतज़ार करता रहूँ।"

"आपने मुझे काफ़ी धन दिया था। आपने मुझे काफ़ी बुद्धिमत्ता भी दी थी। जहाँ तक धन का सवाल है, मैं यह स्वीकार करता हूँ कि मैं उसे ठीक से सँभाल नहीं पाया। सच तो यह है कि मेरे अनुभवहीन हाथों से धन उसी तरह फिसल गया, जिस तरह जंगली खरगोश पहला मौक़ा मिलते ही उसे पकड़ने वाले बच्चे के हाथ से निकल भागता है।"

पिता ने मुस्कराते हुए कहा, 'आगे बोलो बेटे, तुम्हारी कहानी बहुत दिलचस्प है।'

"मैंने निनेवे जाने का फ़ैसला किया, क्योंकि उस शहर में तरक्की की संभावनाएँ ज़्यादा दिख रही थीं। मुझे विश्वास था कि मुझे वहाँ बहुत से अवसर मिलेंगे। मैं एक कारवाँ में शामिल हो गया और उसमें मेरे बहुत से दोस्त बन गए। उनमें दो मधुरभाषी लोग भी थे, जिनके पास एक बहुत सुंदर सफ़ेद घोड़ा था, जो हवा की गति से भागता था।"

"यात्रा के दौरान उन्होंने मुझे विश्वास में लेकर बताया कि निनेवे में एक दौलतमंद आदमी है, जिसके पास इतना तेज़ घोड़ा है कि वह कभी नहीं हारा है। उसके मालिक को यक़ीन है कि दुनिया का कोई घोड़ा उससे तेज़ नहीं भाग सकता। वे लोग अपनी रक़म को दाँव पर लगाने जा रहे हैं कि वह घोड़ा बैबिलॉन के सारे घोड़ों से ज़्यादा तेज़ भाग सकता है। मेरे मित्रों ने कहा कि उस घोड़े के सामने उनका घोड़ा तो एक कमज़ोर खच्चर है, जिसे बहुत आसानी से हराया जा सकता है।"

"उन्होंने मुझ पर कृपा दिखाते हुए मुझे भी उस दाँव में हिस्सेदार बना लिया। मैं इस योजना पर मोहित था।"

"हमारा घोड़ा बुरी तरह हार गया और मैंने अपना ज़्यादातर धन

गँवा दिया।" यह सुनकर अरक़ाद को हँसी आ गई। "बाद में मुझे पता चला कि वह उन धोखेबाज़ों की चालाकी भरी योजना थी और वे लगातार कारवाँ में अपने शिकार की तलाश में यात्रा करते हैं। निनेवे का वह आदमी उनका पार्टनर था और वे लोग दाँव पर लगाए गए पैसे को आपस में बाँट लेते थे। इस चालबाज़ी ने मुझे सतर्क रहने का पहला सबक़ सिखाया।"

"जल्दी ही मुझे एक और इतना ही कटु अनुभव होने वाला था। कारवाँ में एक और युवक मेरा मित्र बन गया था। उसके माता-पिता दौलतमंद थे और वह भी मेरी ही तरह व्यवसाय करने के लिए निनेवे जा रहा था। हमारे पहुँचने के कुछ समय बाद ही उसने मुझे बताया कि एक व्यापारी की मृत्यु हो गई है, जिस वजह से उसकी दुकान में भरा पूरा सामान और उसकी दुकान का नाम बहुत कम क़ीमतों पर मिल रहा है। उसने कहा कि हम बराबरी के पार्टनर होंगे, परंतु पहले उसे बैबिलॉन जाकर धन लाना होगा। उसने मुझे राज़ी कर लिया कि मैं अपने धन से उस दुकान को ख़रीद लूँ और वह बाद में जाकर अपने हिस्से का धन ले आएगा। चूँकि दुकान में बाद में भी धन की ज़रूरत पड़ना थी, इसलिए मैं इसके लिए तैयार हो गया।"

"वह बैबिलॉन जाने में टालमटोल करता रहा। काफ़ी समय बीत गया। इस दौरान उसने यह साबित कर दिया कि उसमें ख़रीदने और ख़र्च करने की समझ नहीं थी। मैंने उसे आख़िरकार बाहर निकाल दिया, परंतु तब तक व्यवसाय की हालत इतनी बिगड़ चुकी थी कि हमारे पास सिर्फ़ वही सामान बचा था, जो बिक नहीं सकता था। अब हमारे पास बाक़ी सामान ख़रीदने के लिए धन भी नहीं बचा था। बचे हुए सामान को मैंने इज़राइल के एक व्यक्ति को बहुत ही सस्ते दामों पर बेच दिया।"

"पिताजी, जल्दी ही मेरे बुरे दिन शुरू हो गए। मैंने नौकरी की तलाश की, जो मुझे नहीं मिली, क्योंकि मेरे पास कोई ऐसा ज्ञान या प्रशिक्षण नहीं था, जिसके माध्यम से मैं कमा सकूँ। मैंने अपने घोड़े बेच दिए। मैंने अपना ग़ुलाम बेच दिया। मैंने अपने अतिरिक्त कपड़ों को भी

बेच दिया, ताकि मुझे भोजन और सोने की जगह मिल सके, परंतु हर दिन घोर ग़रीबी मेरे क़रीब आती जा रही थी।"

"लेकिन उन दुख भरे दिनों में भी यह याद रहा कि आपको मुझ पर विश्वास था। आपने मुझे मर्द बनने के लिए भेजा था और मैं मर्द बनने के लिए संकल्पवान था।" नोमाज़िर की माँ ने दोनों हाथों से अपना चेहरा छुपा लिया और सुबकने लगी।

"उस समय मुझे आपका दिया वह मृदापत्र याद आया, जिस पर धन के पाँच नियम लिखे थे। मैंने आपकी समझदारी के शब्दों को बहुत ध्यान से पढ़ा। उन्हें पढ़ने के बाद मुझे यह एहसास हो गया कि अगर मैंने इन समझदारी के शब्दों को पहले पढ़ लिया होता, तो मेरा धन नहीं डूबता। मैंने हर नियम याद कर लिया और यह संकल्प किया कि जब सौभाग्य की देवी मुझ पर मेहरबान होंगी, तो मैं जवानी की अनुभवहीनता से नहीं, बल्कि उम्र की बुद्धिमत्ता से अपनी दिशा तय करूँगा।"

आज रात जो लोग यहाँ पर बैठे हैं, उनके लाभ के लिए मैं अपने पिता के बुद्धिमत्तापूर्ण नियमों को पढ़ना चाहूँगा, जो उन्होंने मुझे दस साल पहले दिए मृदापत्र पर लिखे थे :

धन के पाँच नियम

1. *धन उस आदमी के पास ख़ुशी-ख़ुशी आता है और बढ़ती मात्रा में आता है, जो अपनी आमदनी के कम से कम दसवें हिस्से का प्रयोग अपने तथा अपने परिवार के भविष्य के लिए जायदाद बनाने में करता है।*

2. *धन उस समझदार मालिक के लिए जमकर मेहनत करता है, जो इसके लिए लाभकारी काम खोजता है। यह मवेशियों की तरह तेज़ी से बढ़ता है।*

> 3. *धन उस सावधान मालिक के संरक्षण में रहता है, जो इसका निवेश सिर्फ़ समझदार लोगों की सलाह से करता है।*
>
> 4. *धन उस आदमी से दूर चला जाता है, जो इसका निवेश उन व्यवसायों या उद्देश्यों के लिए करता है, जिनसे वह परिचित नहीं है या जिनकी अनुशंसा समझदार लोग नहीं करते हैं।*
>
> 5. *धन उस आदमी से दूर चला जाता है, जो इसके माध्यम से असंभव आमदनी हासिल करना चाहता है या जो चालबाज़ लोगों की लुभावनी सलाह मानता है या जो इसे अपनी अनुभवहीनता और रूमानी इच्छाओं के अधीन निवेश करता है।*

"ये धन के वे पाँच नियम हैं, जो मेरे पिताजी ने लिखे थे। मैं उन्हें सोने से भी ज़्यादा मूल्यवान मानता हूँ, जैसा मैं आपको आगे की कहानी में बताऊँगा।"

वह एक बार फिर अपने पिता की ओर मुड़ा, 'मैंने आपको बता दिया है कि अपनी अनुभवहीनता के कारण मैं ग़रीबी और निराशा की गहराई में पहुँच गया था।'

"बहरहाल, संकटों की कोई श्रृंखला ऐसी नहीं होती, जो कभी ख़त्म न हो। मेरे संकटों का दौर भी आख़िरकार तब ख़त्म हुआ, जब मुझे एक नौकरी मिल गई। मुझे शहर की नई बाहरी दीवार पर काम करने वाले ग़ुलामों का मैनेजर बना दिया गया।"

"धन के पहले नियम के ज्ञान का लाभ उठाते हुए मैंने अपनी पहली आमदनी में से दसवाँ हिस्सा यानी ताँबे का एक सिक्का बचा लिया और मौक़ा मिलते ही इसमें सिक्के जोड़ता रहा, जब तक कि यह चाँदी के सिक्के में नहीं बदल गया। यह बहुत धीमा काम था, क्योंकि इंसान को

ज़िंदा रहने के लिए ख़र्च करना पड़ता है। मैंने बहुत किफ़ायत से ख़र्च किया, क्योंकि मैं यह संकल्प कर चुका था कि दस साल बाद मैं आपको उतना धन लौटा दूँगा, जितना आपने मुझे दिया था।"

"ग़ुलामों के मालिक से मेरी मित्रता हो गई। एक दिन उसने मुझसे कहा, 'तुम एक किफ़ायती युवक हो, जो अपनी कमाई को उड़ाते नहीं हो। क्या तुम्हारे पास ऐसा धन है, जो काम में न आ रहा हो?"

मैंने जवाब दिया, 'हाँ, मेरी सबसे बड़ी इच्छा यही है कि मैं उतना धन कमा लूँ, जितना मेरे पिताजी ने मुझे दिया था, परंतु जिसे मैंने अपनी मूर्खता से गँवा दिया है।'

"यह बहुत अच्छी महत्वाकांक्षा है! परंतु क्या तुम जानते हो कि तुमने जितना धन बचाया है, वह तुम्हारे लिए मेहनत करके और ज़्यादा धन कमा सकता है?"

"इस मामले में मेरा अनुभव बुरा रहा है, क्योंकि मेरे पिता का दिया धन मुझसे दूर चला गया है और मुझे डर है कि कहीं मेरी बचत का भी यही हाल न हो।"

उसने जवाब दिया, 'अगर तुम्हें मुझ पर भरोसा हो, तो मैं तुम्हें धन के लाभकारी प्रबंधन के बारे में एक सबक़ सिखाना चाहूँगा। एक साल में शहर की बाहरी दीवार पूरी बन जाएगी और प्रवेश द्वार पर लगाने के लिए काँसे के बड़े दरवाज़ों की ज़रूरत होगी, ताकि शहर शत्रुओं से सुरक्षित रहे। इन दरवाज़ों को बनाने के लिए निनेवे में पर्याप्त धातु नहीं है और राजा ने इस बारे में सोचा ही नहीं है। मेरी योजना है कि हम लोग अपना धन इकट्ठा करके ताँबे और टिन की खदानों तक कारवाँ भेजें, जो बहुत दूर हैं। वहाँ से हम निनेवे के दरवाज़ों के लिए धातु मँगवाएँगे। जब राजा कहेगा, ''बड़े दरवाज़े लगाओ,'' तो सिर्फ़ हमारे पास ही उतनी धातु होगी, जिससे दरवाज़े बन सकें। इसके बदले में राजा हमें ऊँचे दाम देगा। और अगर हम यह मान भी लें कि राजा हमसे धातु नहीं ख़रीदेगा, तो भी हमारे पास धातु तो रहेगी, जिसे हम ऊँचे दामों पर

बेच सकते हैं।'

नोमाज़िर ने कहा, 'उसके प्रस्ताव में मुझे तीसरे नियम की झलक दिखाई दी। तीसरे नियम के अनुसार अपनी बचत का निवेश समझदार लोगों के मार्गदर्शन में करना चाहिए। ऐसा करने के बाद मैं निराश नहीं हुआ। हमारी योजना सफल हुई और उस सौदे की सफलता के बाद मेरा छोटा सा धन-संग्रह विशाल संग्रह बन गया।'

बाद में इस समूह ने मुझे अन्य निवेशों में भी हिस्सेदार बना लिया। वे लोग धन के लाभकारी प्रबंधन में निपुण थे। कोई भी काम करने से पहले वे बहुत सावधानी से योजना बनाते थे। वे इस बात का ध्यान रखते थे कि उनके मूल धन पर ज़रा भी आँच न आए। वे ऐसे निवेशों में भी हाथ नहीं डालते थे, जहाँ से उनका धन वापस न लौट सके। घुड़दौड़ या दुकान में पार्टनरशिप जैसी मूर्खतापूर्ण चीज़ों पर, जिनमें मैंने अपनी अनुभवहीनता के कारण हाथ डाला था, वे विचार भी नहीं करते थे। अगर मैंने उनके संपर्क में आने के बाद ये काम किए होते, तो उन्होंने मुझे तत्काल इनके ख़तरे बता दिए होते।

इन लोगों के संपर्क में आने से मैंने धन का सुरक्षित और लाभकारी निवेश करना सीख लिया। समय गुज़रने के साथ मेरा ख़ज़ाना बढ़ा और तेज़ी से बढ़ा। मैंने न सिर्फ़ अपना गँवाया हुआ धन दुबारा कमा लिया, बल्कि मैंने उससे बहुत ज़्यादा कमाया।

"पिताजी, मेरे दुर्भाग्यों, परेशानियों और सफलताओं के द्वारा मैंने बार-बार धन के पाँच नियमों की बुद्धिमत्ता को परखा है और वे हर इम्तहान में खरे उतरे हैं। जिस व्यक्ति को धन के इन पाँच नियमों का ज्ञान नहीं है, उसके पास धन वैसे तो आता ही नहीं है और आता भी है, तो जल्दी ही चला जाता है। परंतु जो इन पाँच नियमों का पालन करता है, उसके पास धन आता है और उसके वफ़ादार सेवक की तरह काम करता है।"

नोमाज़िर ने बोलना बंद कर दिया और कमरे में पीछे खड़े ग़ुलाम

को इशारा किया। ग़ुलाम एक-एक करके चमड़े के तीन भारी थैले लेकर आया। नोमाज़िर ने उनमें से एक को उठाकर अपने पिता के सामने रखा और कहा :

"आपने मुझे सोने की एक थैली दी थी, जिसमें बैबिलॉन का सोना था। उसके एवज में मैं आपको उतने ही वज़न की निनेवे के सोने की थैली लौटा रहा हूँ। सब लोग यह बात मानेंगे कि यह बिलकुल बराबरी का सौदा है।"

"आपने मुझे बुद्धिमत्ता से भरा मृदापत्र दिया था। उसके एवज में मैं आपको सोने की दो थैलियाँ लौटा रहा हूँ।" यह कहते हुए उसने ग़ुलाम से बाक़ी दोनों थैलियाँ लीं और उन्हें भी अपने पिता के सामने फ़र्श पर रख दिया।"

"पिताजी, इस तरह मैं आपके सामने यह साबित कर रहा हूँ कि मैं आपकी बुद्धिमत्ता को आपके धन से ज़्यादा मूल्यवान मानता हूँ। बहरहाल, बुद्धिमत्ता के मूल्य को सोने की थैलियों में नहीं तौला जा सकता। बुद्धिमत्ता न हो, तो धन अमीर आदमी से भी जल्दी ही दूर चला जाता है। लेकिन बुद्धिमत्ता होने पर ग़रीब आदमी भी धन हासिल कर सकता है, जैसा सोने की मोहरों से भरी इन तीन थैलियों से साबित होता है।"

"पिताजी, मुझे आपके सामने खड़े होकर यह कहने में बहुत संतोष हो रहा है कि आपकी समझदारी के कारण मैं अमीर और सम्मानित बनने में सफल हुआ।"

पिता ने नोमाज़िर के सिर पर अपना हाथ फिराया और बोले, "तुमने अपने सबक़ अच्छी तरह से सीख लिए हैं और मैं ख़ुशक़िस्मत हूँ, जो मुझे इतना योग्य पुत्र मिला है। अब मैं तुम्हें अपनी दौलत सौंप सकता हूँ।"

कालाबाब ने अपनी कहानी ख़त्म की और श्रोताओं को देखा।

उसने पूछा, "नोमाज़िर की कहानी से तुमने क्या सीखा ?"

"तुममें से कौन अपने पिता या ससुर के पास जाकर अपनी आमदनी के बुद्धिमत्तापूर्ण प्रबंधन का हिसाब दे सकता है?"

ये सम्मानित लोग क्या सोचेंगे, अगर तुम यह कहोगे, 'मैंने काफ़ी यात्रा की है, काफ़ी कुछ सीखा है, काफ़ी मेहनत की है और काफ़ी कमाया है, परंतु मैं ज़्यादा धन बचा नहीं पाया हूँ। कुछ धन मैंने समझदारी से ख़र्च किया, कुछ मूर्खता से और बाक़ी मैंने नासमझी में गँवा दिया।'

"क्या तुम अब भी सोचते हो कि यह क़िस्मत का खेल है कि कुछ लोगों के पास बहुत दौलत होती है, जबकि बाक़ियों के पास बिलकुल भी नहीं होती है? अगर तुम ऐसा सोचते हो, तो तुम ग़लत सोचते हो।"

"लोगों के पास दौलत तब आती है, जब वे धन के इन पाँच नियमों को जानते हैं और उनका पालन करते हैं।"

"चूँकि मैंने किशोरावस्था में ही ये पाँच नियम सीख लिए थे और उनका पालन करने लगा था, इसलिए मैं संपन्न व्यापारी बन गया। मैंने अपनी दौलत जादू से इकट्ठी नहीं की है।"

"जल्दी आने वाली दौलत जल्दी ही चली जाती है।"

"अपने मालिक को ख़ुशी और संतुष्टि देने वाली स्थायी दौलत धीरे-धीरे आती है, क्योंकि यह ज्ञान तथा सतत संकल्प की संतान होती है।"

"दौलत कमाना विचारशील व्यक्ति के लिए एक हल्का बोझ होता है। इस बोझ को लगातार हर साल उठाकर वह अपने अंतिम उद्देश्य को हासिल कर लेता है।"

"मैं तुम लोगों को पुरस्कार में सोने के पाँच नियम देता हूँ, जिनका तुम्हें पालन करना चाहिए।"

"इन पाँच नियमों में से हर एक का गहरा अर्थ है। हो सकता है तुमने कहानी सुनते समय इनके गहरे अर्थ को नज़रअंदाज़ कर दिया हो, इसलिए अब मैं सभी नियमों को दोहराऊँगा। मुझे ये नियम अच्छी तरह

याद हैं, क्योंकि मैंने अपनी जवानी में उनका महत्व समझ लिया था और मैं तब तक चैन से नहीं बैठा, जब तक कि वे मुझे पूरी तरह से याद नहीं हो गए।"

धन का पहला नियम

धन उस आदमी के पास ख़ुशी-ख़ुशी आता है और बढ़ती मात्रा में आता है, जो अपनी आमदनी के कम से कम दसवें हिस्से का प्रयोग अपने तथा अपने परिवार के भविष्य के लिए जायदाद बनाने में करता है।

"जो आदमी अपनी आमदनी का दसवाँ हिस्सा लगातार बचाता है और उसका समझदारी से निवेश करता है, वह जल्दी ही अच्छी-ख़ासी जायदाद बना लेगा, जिससे भविष्य में उसे आमदनी होती रहेगी और जो उसकी मृत्यु की स्थिति में उसके परिवार की सुरक्षा की गारंटी होगी। यह नियम कहता है कि धन हमेशा ऐसे आदमी के पास ख़ुशी-ख़ुशी आता है। मैं अपने जीवन में इसका प्रमाण कई बार देख चुका हूँ। मैं जितना ज़्यादा धन इकट्ठा करता हूँ, यह मेरे पास उतनी ही ज़्यादा मात्रा में और ज़्यादा तेज़ी से आता है। जो धन मैं बचाता हूँ, वह और ज़्यादा कमाई करता है, जिस तरह तुम्हारा भी करेगा। निवेश से मिलने वाले ब्याज का दुबारा निवेश करने पर तुम और ज़्यादा कमाओगे। यही पहले नियम का सार है।"

धन का दूसरा नियम

धन उस समझदार मालिक के लिए जमकर मेहनत करता है, जो इसके लिए लाभकारी काम खोजता है। यह मवेशियों की तरह तेज़ी से बढ़ता है।

"सचमुच धन एक इच्छुक सेवक है। यह मौक़ा मिलते ही कई गुना होने के लिए हमेशा उत्सुक रहता है। जो भी धन को बड़ी मात्रा में इकट्ठा कर लेता है, उसे इसके सबसे ज़्यादा लाभकारी प्रयोग का अवसर मिलता है। समय गुज़रने के साथ धन आश्चर्यजनक तेज़ी से कई गुना हो जाता है।"

धन का तीसरा नियम

धन उस सावधान मालिक के संरक्षण में रहता है, जो इसका निवेश सिर्फ़ समझदार लोगों की सलाह से करता है।

"धन सावधान मालिक के संरक्षण में बढ़ता है और लापरवाह मालिक से दूर भागता है। जो व्यक्ति धन के प्रबंधन में समझदार लोगों की सलाह लेता है, वह जल्दी ही यह सीख लेता है कि अपने धन को जोखिम में डालने के बजाय उसे सुरक्षित रखने और लगातार बढ़ते देखने में ही सच्चा आनंद मिलता है।"

धन का चौथा नियम

धन उस आदमी से दूर चला जाता है, जो इसका निवेश उन व्यवसायों या उद्देश्यों के लिए करता है, जिनसे वह परिचित नहीं है या जिनकी अनुशंसा समझदार लोग नहीं करते हैं।

"जिस व्यक्ति के पास धन तो होता है, परंतु वह इसे सँभालना नहीं जानता है, उसे बहुत से लाभकारी सौदे नज़र आते हैं। अक्सर उनमें धन गँवाने का जोखिम होता है। समझदार व्यक्तियों के अनुसार उनमें

लाभ की बहुत कम संभावना होती है। परंतु धन का अनुभवहीन मालिक अपनी बुद्धि पर ज़रूरत से ज़्यादा भरोसा करता है और वह अपने धन को ऐसे व्यवसायों तथा उद्देश्यों में लगाता है, जिनके बारे में वह कुछ नहीं जानता। अक्सर बाद में जाकर उसे पता चलता है कि उसका निर्णय ग़लत था। इस तरह वह अपनी अनुभवहीनता के कारण अपना धन गँवा देता है। सचमुच समझदार व्यक्ति वह है, जो अपनी बचत का निवेश उन लोगों की सलाह से करता है, जो धन के प्रबंधन में निपुण होते हैं।"

धन का पाँचवाँ नियम

धन उस आदमी से दूर चला जाता है, जो इसके माध्यम से असंभव आमदनी हासिल करना चाहता है या जो चालबाज़ लोगों की लुभावनी सलाह मानता है या जो इसे अपनी अनुभवहीनता और रूमानी इच्छाओं के अधीन निवेश करता है।

"नए-नए धनवान बने व्यक्ति के सामने रोमांचक और कल्पना की हवाई उड़ानों वाली योजनाएँ हमेशा आती हैं। ऐसा नज़र आता है कि जादुई शक्ति से उसका ख़ज़ाना बढ़ जाएगा और उसे असंभव आमदनी होने लगेगी। बहरहाल, समझदार व्यक्तियों की बातों पर ध्यान दें, क्योंकि वे फटाफट दौलत कमाने की हर योजना के पीछे छिपे जोखिमों को जानते हैं।"

"निनेवे के अमीर लोगों को न भूलें, जो अपने मूलधन को गँवाने का कोई जोखिम नहीं लेना चाहते थे या इसे अलाभकारी निवेशों में फँसाना चाहते थे।"

"यहाँ पर धन के पाँच नियमों की मेरी कहानी ख़त्म होती है। इसमें मैंने अपनी सफलता के रहस्य भी बता दिए हैं।

"बहरहाल, ये रहस्य नहीं, बल्कि सच्चाइयाँ हैं, जो हर इंसान को पहले सीखना होंगी और फिर इन पर अमल करना होगा। तभी वह ज़्यादातर लोगों के समूह से बाहर निकल सकता है, जो आवारा कुत्तों की तरह हर दिन अपने भोजन के बारे में ही चिंता करते हैं।"

"कल हम बैबिलॉन में प्रवेश करेंगे। देखो! बेल के मंदिर के ऊपर हमेशा जलने वाली ज्योति को देखो! सुनहरा शहर हमारे सामने है। कल तुममें से हर एक के पास धन होगा, जिसे तुमने अपनी वफ़ादारी भरी सेवा से कमाया है।"

"आज से दस साल बाद तुम इस धन के बारे में क्या कहोगे?"

"अगर तुम नोमाज़िर की तरह अपने धन के एक हिस्से से जायदाद बनाना शुरू करोगे और अरक़ाद की बुद्धिमत्ता से मार्गदर्शन लोगे, तो यह तय है कि दस साल बाद अरक़ाद के पुत्र की तरह ही तुम भी अमीर और सम्मानित बन जाओगे।"

"हमारे समझदारी भरे काम हमें ज़िंदगी भर ख़ुशी देते हैं और हमारी मदद करते हैं। इसी तरह हमारे नासमझी भरे काम हमें ज़िंदगी भर दुख देते हैं और सताते हैं। हम उन्हें भुला नहीं पाते हैं। हमें जो चीज़ें सबसे ज़्यादा सताती हैं, वे उन चीज़ों की यादें हैं, जो हमें करना चाहिए थीं, उन अवसरों की यादें हैं, जो हमारे सामने आए, परंतु हम उनका लाभ नहीं उठा पाए।"

"बैबिलॉन के ख़ज़ाने भरे हुए हैं। इनमें इतनी बेशुमार दौलत है कि कोई व्यक्ति सोने की मोहरों में उनकी गिनती नहीं कर सकता। हर साल ये ख़ज़ाने ज़्यादा भर जाते हैं। हर देश के ख़ज़ानों की तरह इस शहर में भी पुरस्कार उन संकल्पवान लोगों का इंतज़ार कर रहा है, जो अपना उचित हिस्सा लेने का संकल्प कर चुके हैं।"

"आपकी इच्छाशक्ति में जादुई ताक़त होती है। अगर तुम धन के पाँच नियमों के ज्ञान से इस शक्ति को राह दिखाओगे, तो तुम भी बैबिलॉन के ख़ज़ाने में हिस्सेदार बन जाओगे।"

✧ ✧ ✧

बैबिलॉन का साहूकार

सोने की पचास मोहरें! बैबिलॉन में भाले बनाने वाले रोडन के चमड़े के पर्स में इससे पहले कभी इतनी मोहरें नहीं रही थीं। वह राजमहल से निकलकर राजमार्ग पर चलने लगा। उसके हर क़दम के साथ उसके बेल्ट में बँधे पर्स में मोहरें खनक रही थीं - जो उसे दुनिया का सबसे मधुर संगीत लग रहा था।

सोने की पचास मोहरें - सब की सब उसकी! उसे अपनी ख़ुशक़िस्मती पर यक़ीन ही नहीं हो रहा था। सोने की इन खनकती मोहरों में कितनी शक्ति है! इनसे वह जो चाहे ख़रीद सकता है - बड़ा घर, ज़मीन, मवेशी, ऊँट, घोड़े, रथ, जो भी वह चाहे।

वह इनका प्रयोग कैसे करेगा ? उस शाम को जब वह अपनी बहन के घर की तरफ़ जाने वाली गली में मुड़ा, तो वह किसी और चीज़ के बारे में नहीं सोच पा रहा था। उसके मन में सिर्फ़ यही ख़्वाहिश थी कि वह सोने की उन चमकती, भारी मोहरों का स्वामी बना रहे - हमेशा।

इसके कुछ दिनों बाद की बात है। शाम के समय परेशान रोडन मैथन की दुकान के भीतर गया। मैथन साहूकार था और लोगों को धन

उधार देता था। वह हीरे-जवाहरात तथा दुर्लभ वस्त्रों का व्यापारी भी था। रोडन ने दाएँ-बाएँ कुछ नहीं देखा, जहाँ रंगीन वस्तुएँ ख़ूबसूरती से सजी थीं। वह सीधा पीछे की तरफ़ बने हुए घर की ओर गया। वहाँ पर उसे मैथन एक क़ालीन पर बैठा दिखा। मैथन भोजन कर रहा था और एक अश्वेत ग़ुलाम उसे खाना परोस रहा था।

रोडन सीधे उसके सामने जाकर पैर फैलाकर खड़ा हो गया। उसकी चमड़े की जैकेट के बीच से बालों भरा सीना दिख रहा था। उसने कहा "मैं आपसे एक चीज़ के बारे में सलाह लेना चाहता हूँ। मैं समझ नहीं पा रहा हूँ कि इस मामले में क्या करूँ।"

मैथन के पतले और पीले चेहरे पर एक मित्रता भरी मुस्कान आ गई, "तुमने कौन सी ग़लती कर दी है, जिसकी वजह से तुम्हें साहूकार के पास उधार लेने आना पड़ा है? क्या जुए की टेबल पर तुम्हें बदक़िस्मती का सामना करना पड़ा है? या फिर किसी जवान ख़ूबसूरत महिला ने तुम्हें अपने जाल में फँसा लिया है? मैं तुम्हें कई सालों से जानता हूँ, परंतु तुम मदद माँगने के लिए मेरे पास पहले कभी नहीं आए।"

"नहीं, नहीं। वह बात नहीं है, जो आप सोच रहे हैं। मैं आपसे धन उधार नहीं लेना चाहता। इसके बजाय मैं आपकी समझदारी भरी सलाह लेना चाहता हूँ।"

"सुनो! सुनो! यह आदमी क्या कह रहा है? साहूकार के पास सलाह लेने कौन आता है? शायद मेरे कान मुझे धोखा दे रहे हैं।"

"नहीं, वे सच सुन रहे हैं।"

"क्या ऐसा हो सकता है? भाले बनाने वाला रोडन बाक़ी सब लोगों से ज़्यादा चतुर है, क्योंकि वह मैथन के पास धन नहीं, बल्कि सलाह लेने आया है। बहुत से लोग मूर्खतापूर्ण ख़र्च के लिए मुझसे धन उधार लेने आते हैं, परंतु वे सलाह नहीं चाहते हैं। बहरहाल, साहूकार से ज़्यादा अच्छी सलाह और कौन दे सकता है, जिसके पास लोग अपनी मुश्किल में उधार लेने आते हैं?"

"रोडन, आज तुम मेरे साथ खाना खाओगे। आज शाम को तुम मेरे मेहमान बनोगे। एन्डो!" उसने अपने अश्वेत ग़ुलाम को आदेश दिया, "मेरे मित्र रोडन के लिए एक क़ालीन बिछाओ। वह मुझसे सलाह लेने आया है। वह मेरा सम्मानित अतिथि है। उसके सामने बहुत सा भोजन परोसो और मेरा सबसे बड़ा गिलास लेकर आओ। सबसे अच्छी शराब चुनना, ताकि रोडन को उसे पीने में मज़ा आ जाए।

"अब मुझे बताओ, तुम किस मुश्किल में हो।"

"मैं सम्राट के उपहार की वजह से मुश्किल में हूँ।"

"सम्राट के उपहार की वजह से? सम्राट ने तुम्हें एक उपहार दिया है और उसकी वजह से तुम मुश्किल में हो? किस तरह का उपहार?"

"मैंने शाही रक्षकों के भालों पर नई नोक का नमूना पेश किया था, जिससे सम्राट बहुत ख़ुश हुए और उन्होंने मुझे पुरस्कार में सोने की पचास मोहरें दे दीं। इससे मैं बहुत दुविधा में हूँ।"

"दिन भर ऐसे लोग मुझे तंग करते हैं, जो मुझसे यह दौलत हथियाना चाहते हैं।"

मैथन ने कहा, "यह स्वाभाविक है। ज़्यादातर लोग धन चाहते हैं, जबकि यह बहुत कम लोगों के पास होता है। ज़्यादातर लोग उस दौलतमंद व्यक्ति को खोजते हैं, जिसने आसानी से दौलत कमाई हो, ताकि वे उसका धन हड़प सकें। परंतु तुम उनसे 'नहीं' क्यों नहीं कहते हो? क्या तुम्हारी इच्छाशक्ति तुम्हारी मुट्ठी जितनी सशक्त नहीं है?"

"ज़्यादातर लोगों से मैं 'नहीं' कह देता हूँ, परंतु कई बार हाँ कहना ज़्यादा आसान होता है। क्या कोई अपनी बहुत ही प्यारी बहन को दौलत देने से इंकार कर सकता है?"

"निश्चित रूप से तुम्हारी बहन तुम्हें इस पुरस्कार के आनंद से वंचित नहीं करना चाहती होगी।"

"परंतु वह यह धन अपने पति अरमान के लिए चाहती है, जिसे

वह एक अमीर व्यापारी के रूप में देखना चाहती है। उसे लगता है कि अरमान को कभी मौक़ा नहीं मिला है। उसने मुझसे आग्रह किया है कि मैं उसके पति को यह धन दे दूँ, ताकि वह एक समृद्ध व्यापारी बन जाए। वह यह भी कहती है कि सफल होने के बाद उसका पति मेरा सारा कर्ज़ चुका देगा।"

मैथन ने कहा, "मेरे मित्र, तुम जिस विषय पर सलाह लेने आए हो, वह बहुत ही बढ़िया विषय है। धन अपने साथ ज़िम्मेदारी भी लाता है। धन के स्वामी की ज़िम्मेदारी बढ़ जाती है। उसके साथियों के साथ उसकी स्थिति बदल जाती है। धन के साथ यह डर भी आता है कि कहीं यह धन चला न जाए या कोई चालबाज़ी से उसे ले न जाए। पैसे से नेक काम करने की शक्ति और सामर्थ्य मिलती है। इसी तरह, धनवान आदमी के सामने ऐसे अवसर भी आते हैं, जब बहुत अच्छे इरादों के बावज़ूद वह मुश्किल में पड़ सकता है।"

"क्या तुमने कभी निनेवे के उस किसान के बारे में सुना है, जो जानवरों की भाषा समझ सकता था? मुझे लगता है तुमने नहीं सुना होगा, क्योंकि काँसा ढालने वाले की वर्कशॉप में लोग इस तरह की कहानी नहीं सुनाते हैं। मैं तुम्हें यह कहानी सुनाऊँगा, ताकि तुम यह समझ जाओ कि उधार लेना और देना सिर्फ़ एक व्यक्ति के हाथ से पैसा निकलकर दूसरे व्यक्ति के पास पैसा जाने तक ही सीमित नहीं है।"

वह किसान जानवरों की बातें समझ लेता था। वह हर शाम को जानवरों की बातें सुनने के लिए उनके दड़बे के पास रुक जाता था। एक शाम को उसने सुना कि बैल खच्चर से शिकायत कर रहा था कि उसकी ज़िंदगी में कष्ट ही कष्ट हैं, 'मैं सुबह से शाम तक जुताई में ही लगा रहता हूँ। चाहे कितनी ही गर्मी हो, चाहे मैं कितना ही थका हूँ या चाहे मेरी गर्दन कितनी ही दुख रही हो, मुझे काम करना पड़ता है। दूसरी तरफ़, तुम हमेशा आराम करते रहते हो। तुम्हें रंगीन कंबल से सज़ाया जाता है, जबकि तुम मालिक को मनचाही जगह पर ले जाने के अलावा कुछ नहीं करते हो। जब मालिक को कहीं नहीं जाना होता है, तो तुम आराम करते

हो और सारा दिन हरी घास खाते रहते हो।'

खच्चर बहुत दयालु था। उसने बैल के साथ सहानुभूति दिखाते हुए कहा, 'मेरे प्रिय मित्र, तुम बहुत कड़ी मेहनत करते हो और मैं तुम्हारे कष्ट दूर करने में मदद करूँगा। मैं तुम्हें बताता हूँ कि तुम कैसे आराम कर सकते हो। सुबह जब नौकर तुम्हें जोतने आए, तो तुम ज़मीन पर गिर जाना और दर्द से कराहने लगना, ताकि वह मालिक से जाकर कहे कि तुम बीमार हो और काम नहीं कर सकते।'

बैल ने खच्चर की सलाह मान ली। अगली सुबह नौकर ने किसान से जाकर कहा कि बैल बीमार है और वह जुताई का काम नहीं कर सकता।

किसान ने कहा, "जुताई का काम तो होना ही है, इसलिए तुम बैल की जगह पर खच्चर को बाँध दो।"

"खच्चर की इच्छा सिर्फ़ अपने मित्र की मदद करने की थी, परंतु इसका परिणाम यह हुआ कि पूरे दिन उसे बैल के हिस्से का काम करना पड़ा। रात होने पर जब वह दड़बे में वापस आया, तो उसके दिल में कड़वाहट भरी थी, उसके पैर थके थे और उसकी गर्दन दुख रही थी।"

"किसान उनकी बातें सुनने के लिए वहीं ठहर गया।"

बैल ने कहा, 'तुम मेरे अच्छे मित्र हो। तुम्हारी समझदारी भरी सलाह के कारण मुझे दिन भर पूरा आराम मिला।'

"खच्चर ने जवाब दिया, 'और मैं मूर्ख हूँ, क्योंकि मैं तो सिर्फ़ मित्र की मदद करना चाहता था, परंतु बदले में मुझे ही उसके हिस्से का पूरा काम करना पड़ा। आज के बाद तुम अपना काम ख़ुद करना, क्योंकि मैंने मालिक को सेवक से यह कहते सुना था कि अगर तुम दुबारा बीमार हुए, तो वह तुम्हें क़साई के पास भिजवा देगा। यह ठीक भी रहेगा, क्योंकि तुम बहुत आलसी हो।' इसके बाद उन्होंने एक-दूसरे से कभी बातचीत नहीं की - उनकी दोस्ती ख़त्म हो गई। इस कहानी से तुम्हें क्या शिक्षा मिलती है, रोडन ?"

रोडन ने कहा, "कहानी अच्छी थी, परंतु मुझे इसमें शिक्षा या सबक़ जैसी कोई चीज़ नहीं दिखी।"

"मुझे लगा भी नहीं था कि तुम्हें दिखेगी। परंतु सबक़ है और बहुत आसान है। अगर तुम अपने मित्र की मदद करना चाहते हो, तो इस तरह से करो, ताकि तुम्हारे मित्र का बोझ तुम्हारे ऊपर न आ जाए।"

"मैंने इस बारे में तो सोचा ही नहीं था। यह बहुत समझदारी भरा सबक़ है। मैं अपनी बहन के पति का बोझ अपने ऊपर नहीं लेना चाहता हूँ। परंतु मुझे एक बात बताएँ। आप बहुत से लोगों को उधार देते हैं। क्या उधार लेने वाले हमेशा उधार चुका देते हैं?"

मैथन बहुत अनुभवी आदमी की तरह मुस्कराया। फिर उसने कहा, "अगर कर्ज़दार कर्ज़ चुका नहीं सकता, तो क्या साहूकार उसे कर्ज़ देगा? साहूकार को सावधानी और समझदारी से यह तय करना होता है कि उसका धन उधार लेने वाले के काम आएगा तथा उसका पैसा दुबारा लौट आएगा। अगर उसका धन मूर्खतापूर्ण काम में लगेगा, तो उसका मूलधन भी डूब जाएगा, क्योंकि कर्ज़ लेने वाला कर्ज़ नहीं चुका पाएगा? मैं तुम्हें अपनी संदूक में रखी निशानियाँ बताता हूँ। हर निशानी में एक कहानी छुपी हुई है।"

वह कमरे में एक बड़ा संदूक लेकर आया, जिस पर सुअर की लाल खाल चढ़ी थी और उस पर काँसे की आकृति बनी थी। संदूक को फ़र्श पर रखकर वह उसके सामने बैठ गया। फिर वह अपने दोनों हाथों से उसे खोलने लगा।

"मैं जिसे भी उधार देता हूँ, उससे अपनी इस संदूक के लिए कोई न कोई निशानी ज़रूर ले लेता हूँ। वह निशानी तब तक यहाँ रहती है, जब तक कि पूरा कर्ज़ नहीं उतर जाता। जब कर्ज़दार पूरा कर्ज़ चुका देता है, तो मैं उसे वह निशानी लौटा देता हूँ। बहरहाल, अगर वह कर्ज़ नहीं चुका पाता है, तो वह निशानी मुझे हमेशा यह याद दिलाती रहती है कि अमुक व्यक्ति मेरे विश्वास पर खरा नहीं उतरा।"

"निशानी वाला संदूक मुझे बताता है कि सबसे सुरक्षित कर्ज़दार वे होते हैं, जिनके पास कर्ज़ की रक़म से ज़्यादा संपत्ति होती है। उनके पास ज़मीन, हीरे-जवाहरात, ऊँट या अन्य चीज़ें होती हैं, जिन्हें बेचकर कर्ज़ चुकाया जा सकता है। मुझे निशानी के रूप में कई ऐसे रत्न दिए जाते हैं, जिनका मूल्य कर्ज़ से ज़्यादा होता है। बाक़ियों में इस तरह के वादे होते हैं कि अगर कर्ज़ न चुकाया गया, तो वे अपनी जायदाद का एक निश्चित हिस्सा मेरे नाम कर देंगे। इस तरह के कर्ज़ देते समय मुझे विश्वास होता है कि मेरा धन सूद समेत वापस लौट आएगा, क्योंकि कर्ज़ जायदाद के आधार पर दिया गया है।"

"दूसरी श्रेणी में ऐसे लोग आते हैं, जिनमें कमाने की क्षमता होती है। वे तुम्हारी तरह के लोग होते हैं, जो मेहनत या सेवा करते हैं और उन्हें बदले में वेतन या पारिश्रमिक मिलता है। उनके पास आमदनी का नियमित साधन होता है। अगर वे ईमानदार हों और उन पर कोई विपत्ति न आए, तो वे कर्ज़ और सूद दोनों को चुका सकते हैं। इस तरह के कर्ज़ इंसान की मेहनत पर आधारित होते हैं।"

"बाक़ी लोग ऐसे होते हैं, जिनके पास न तो जायदाद होती है, न ही कमाने की विश्वसनीय क्षमता होती है। ज़िंदगी मुश्किल है और कुछ लोग ज़िंदगी के साथ तालमेल नहीं बिठा पाते हैं। इन लोगों को मैं जो कर्ज़ देता हूँ, भले ही वह एक रुपए का भी क्यों न हो, मेरा निशानी वाला संदूक आगे आने वाले सालों में मुझे चिढ़ाता रहेगा, जब तक कि कर्ज़ लेने वाले के साथ उसके अच्छे मित्रों की गारंटी न हो, जो उसे विश्वसनीय मानते हों।"

मैथन ने संदूक खोला। रोडन उत्सुकता से आगे झुका।

संदूक में सबसे ऊपर लाल कपड़े पर काँसे का नेक-पीस पड़ा था। मैथन ने उसे उठाकर प्यार से थपथपाया, "यह मेरे संदूक में हमेशा रहेगा, क्योंकि इसका मालिक अब इस दुनिया से जा चुका है। मैं इस निशानी को सँभालकर रखता हूँ और मैं उसकी यादों को भी सँजोकर रखता हूँ, क्योंकि वह मेरा अच्छा मित्र था। हमने साथ-साथ सफलतापूर्वक व्यापार

किया था, जब तक कि वह पूर्वी देश की एक महिला को ब्याह कर नहीं ले आया। वह सुंदर थी, परंतु हमारी महिलाओं जैसी नहीं थी। वह औरत नहीं, बिजली थी! मेरे मित्र ने अपनी पत्नी की इच्छाओं को संतुष्ट करने के लिए पानी की तरह पैसा बहाया। जब उसका धन ख़त्म हो गया, तो वह कष्ट में मेरे पास आया। मैंने उसे सलाह दी। मैंने उससे कहा कि मैं उसे एक बार फिर हालात ठीक करने का मौक़ा दूँगा। उसने नए सिरे से शुरू करने की क़सम खाई। लेकिन ऐसा हो नहीं पाया। एक दिन आपसी झगड़े में उसकी पत्नी ने उसके सीने में चाकू घुसा दिया, क्योंकि उसके पति ने उसे ऐसा करने की चुनौती दी थी।"

"और वह महिला?" रोडन ने सवाल किया।

"हाँ, ज़ाहिर है, यह उसी का है।" मैथन ने लाल वस्त्र उठाते हुए कहा, "पछतावे में वह नदी में कूद गई। ये दो कर्ज़ कभी नहीं चुकाए जाएँगे। रोडन, यह संदूक बताता है कि जो लोग बहुत भावुक होते हैं या भावनात्मक तूफ़ानों में घिरे रहते हैं, वे साहूकार के लिए सुरक्षित नहीं होते हैं।

"यह! यह अलग चीज़ है।" उसने बैल की हड्डी से बनी अँगूठी को उठाते हुए कहा। "यह एक किसान की है। मैं उसकी महिलाओं से ग़लीचे ख़रीदता हूँ। उस किसान के खेत पर टिड्डी दल ने धावा बोल दिया। उसके घर में फाके पड़ने की नौबत आ गई। ऐसे समय में मैंने उसकी मदद की। नई फ़सल आने पर उसने तत्काल अपना कर्ज़ चुका दिया। इसके बाद एक दिन वह मेरे पास आया और उसने एक दूर देश की बकरियों के बारे में बताया, जिनका वर्णन उसने एक यात्री से सुना था। उन बकरियों के लंबे बाल इतने सुंदर और नर्म थे कि वह उनसे इतने बेहतरीन गलीचे बना सकता था, जैसे आज तक बैबिलॉन में देखे नहीं गए। वह ऐसी बकरियों का रेवड़ चाहता था, परंतु उन्हें ख़रीदने के लिए उसके पास धन नहीं था। इसलिए मैंने उसे यात्रा करने और बकरियाँ लाने के लिए धन उधार दिया। अब उसने रेवड़ ख़रीद लिया है और अगले साल मैं बैबिलॉन के अमीरों को हैरान कर दूँगा, क्योंकि मैं उन्हें बहुत

शानदार और महँगे ग़लीचे बेचूँगा। जल्दी ही मुझे उसकी अँगूठी लौटाना होगी। वह तत्काल कर्ज़ चुकाने पर ज़ोर दे रहा है।"

रोडन ने पूछा, "कुछ उधार लेने वाले समय से पहले भी कर्ज़ चुका देते हैं?"

"अगर वे किसी ऐसे उद्देश्य के लिए कर्ज़ लेते हैं, जिससे उन्हें पैसा मिल जाता है, तो वे ऐसा करते हैं। परंतु अगर वे अपनी नासमझियों के लिए उधार लेते हैं, तो मैं तुम्हें यह चेतावनी देता हूँ कि तुम्हारा धन तुम्हारे हाथ में दोबारा लौटकर नहीं आएगा।"

रोडन ने दुर्लभ कारीगरी वाले रत्नों से जड़े सोने के भारी कंगन को उठाते हुए पूछा, "मुझे इसके बारे में बताएँ।"

मैथन ने हँसते हुए कहा, "मेरे अच्छे मित्र को महिलाएँ कुछ ज़्यादा ही पसंद हैं।"

रोडन ने कहा, "आखिर मैं आपसे अधिक युवा हूँ।"

"मैं मानता हूँ, परंतु इस बार तुम ख़ामख़्वाह रोमांस का शक कर रहे हो। इस कंगन की मालकिन मोटी और बूढ़ी है। वह बहुत ज़्यादा बोलती है, परंतु उसकी बातें इतनी अर्थहीन होती हैं कि वह मुझे पागल कर देती है। कभी उन लोगों के पास बहुत पैसा था और वे अच्छे ग्राहक थे, परंतु फिर वे बदक़िस्मती के शिकार हो गए। उस महिला का एक बेटा है, जिसे वह व्यापारी बनाना चाहती है। इसलिए वह मेरे पास आई और मुझसे धन उधार लिया, ताकि उसका पुत्र एक कारवाँ के मालिक का हिस्सेदार बन सके, जो यात्रा करते समय एक शहर से ऊँट ख़रीदता है और दूसरे शहर में बेच देता है।"

"कारवाँ का मालिक बदमाश निकला, क्योंकि उसने बेचारे लड़के को दूर के एक शहर में बिना धन और बिना मित्रों के छोड़ दिया। वह उस युवक को सोता हुआ छोड़ गया। युवक कुछ साल बाद शायद इस कर्ज़ को चुका सकता है। तब तक मुझे अपना ब्याज नहीं मिलेगा, सिर्फ़ हवाई बातें ही सुनने को मिलती रहेंगी। वैसे असली बात यह है कि यह कंगन कर्ज़

की रक़म से ज़्यादा क़ीमती है।"

"क्या इस महिला ने आपसे कर्ज़ की समझदारी के बारे में सलाह माँगी थी?"

"मामला बिल्कुल ही उल्टा था। उसने कल्पना में अपने पुत्र को बैबिलॉन का दौलतमंद और सशक्त आदमी मान लिया था। इसका विरोध करने का मतलब उसे ग़ुस्सा दिलाना था। उसने मुझे अच्छी तरह फटकारा। मैं जानता था कि इस अनुभवहीन युवक को धन देने में जोख़िम है, परंतु चूँकि उसने यह कंगन गिरवी रखा था, इसलिए मैं उसे कर्ज़ देने से इंकार नहीं कर सकता था।''

मैथन ने रस्सी की गाँठों को दिखाते हुए आगे कहा, "यह ऊँटों के व्यापारी नेबाटूर की है। जब वह कोई बड़ा रेवड़ ख़रीदता है और उसे इसके लिए पैसों की ज़रूरत होती है, तो वह मुझे यह रस्सी दे जाता है और मैं उसे ज़रूरत के मुताबिक़ उधार दे देता हूँ। वह एक समझदार व्यापारी है। मुझे उसके सही निर्णय लेने की क्षमता पर भरोसा है और मैं उसे उदारता से उधार दे सकता हूँ। बैबिलॉन के कई अन्य व्यापारियों पर भी मुझे भरोसा है, क्योंकि उनका व्यवहार विश्वसनीय है। उनकी निशानियाँ मेरे संदूक में आती-जाती रहती हैं। अच्छे व्यापारी हमारे शहर की शान हैं। व्यापार में उनकी सहायता करने से मुझे तो लाभ होता ही है, बैबिलॉन भी समृद्ध होता है।"

मैथन ने फ़ीरोज़े में उभरी हुई बीटल की आकृति को उठाया और उसे हिक़ारत से फ़र्श पर फेंक दिया। "मिस्र का कीड़ा। यह जिस लड़के का है, उसे मेरा पैसा लौटाने की ज़रा भी परवाह नहीं है। जब मैं उसे याद दिलाता हूँ, तो वह जवाब देता है, 'मैं आपका कर्ज़ कैसे चुका सकता हूँ, जबकि बदक़िस्मती मेरे पीछे हाथ धोकर पड़ी है? आपके पास बहुत पैसा है।' मैं क्या कर सकता हूँ? यह निशानी उसके पिता की है। उनकी आमदनी सीमित थी, परंतु उन्होंने अपने पुत्र के व्यापार के लिए अपनी ज़मीन और मवेशी गिरवी रख दिए। युवक को पहले तो सफलता मिली, परंतु बाद में वह ढेर सारी दौलत हासिल करने के चक्कर में अति उत्साही

बन गया। उसमें अनुभव की कमी थी, इसलिए उसका धंधा चौपट हो गया।"

"युवक महत्वाकांक्षी होते हैं। वे दौलत तथा अन्य मनचाही वस्तुओं के लिए शॉर्टकट अपनाते हैं। फटाफट दौलत हासिल करने के लिए युवक अक्सर नासमझी भरे कर्ज़ ले लेते हैं। उनके पास अनुभव नहीं होता, इसलिए उन्हें यह एहसास ही नहीं होता है कि निराशाजनक कर्ज़ एक गहरा गड्ढा है, जिसमें कोई भी आसानी से उतर तो सकता है, परंतु उसमें से निकलना आसान नहीं है। कर्ज़ से उबरने के लिए लंबा संघर्ष करना पड़ सकता है। यह दुख और पश्चाताप की खाई है, जहाँ सूरज की रोशनी मद्धिम हो जाती है और रातों की नींद उड़ जाती है। बहरहाल, मैं यह नहीं कहता हूँ कि उधार लेना ही नहीं चाहिए। मैं कर्ज़ लेने को हतोत्साहित नहीं, बल्कि प्रोत्साहित करता हूँ। अगर कर्ज़ समझदारीपूर्ण उद्देश्य के लिए लिया जा रहा है, तो मैं कर्ज़ लेने की सलाह देता हूँ। मुझे भी व्यापारी के रूप में अपनी पहली सफलता कर्ज़ लेने के बाद मिली थी।'

"बहरहाल, ऐसे मामले में कर्ज़ देने वाला क्या कर सकता है? यह युवक निराश हो चुका है और उसकी आमदनी शून्य है। वह हताश हो चुका है। वह कर्ज़ चुकाने की कोई कोशिश नहीं कर रहा है। मेरा दिल नहीं चाहता कि मैं उसके पिता की ज़मीन और मवेशी छीन लूँ।"

रोडन ने कहा, "आपने मुझे बहुत कुछ बताया है और आपकी बातें मुझे बहुत दिलचस्प लगी हैं। लेकिन मुझे अब भी मेरे सवाल का जवाब नहीं मिला है। क्या मुझे अपनी बहन के पति को अपनी पचास सोने की मोहरें उधार देना चाहिए? ये मोहरें मेरे लिए बहुत महत्वपूर्ण हैं।"

"तुम्हारी बहन बहुत बढ़िया महिला है, जिसका मैं काफ़ी सम्मान करता हूँ। अगर उसका पति मेरे पास आए और मुझसे सोने की पचास मोहरें उधार माँगे, तो मुझे उससे यह पूछना होगा कि वह इनका क्या करेगा।"

"अगर वह जवाब देता है कि वह मेरी ही तरह व्यापारी बनना

चाहता है और हीरे-जवाहरात तथा दुर्लभ सजावटी सामान का कारोबार करना चाहता है, तो मैं उससे यह पूछूँगा, 'तुम्हें इस व्यवसाय का कितना ज्ञान है? क्या तुम जानते हो कि सबसे कम क़ीमत पर यह सामान कहाँ ख़रीदा जा सकता है? क्या तुम जानते हो कि अच्छी क़ीमत पर यह सामान कहाँ बेचा जा सकता है?' क्या वह इन सवालों का जवाब 'हाँ' में दे सकता है?"

"नहीं, वह नहीं दे सकता," रोडन ने स्वीकार किया। "हालाँकि उसने भाले बनाने में मेरी काफ़ी मदद की है और कई दुकानों में भी मदद की है।"

"फिर मैं उससे कहूँगा कि उसका उद्देश्य समझदारीपूर्ण नहीं है। व्यापारियों को व्यापार करना आना चाहिए। हालाँकि उसकी महत्वाकांक्षा उचित है, परंतु यह व्यावहारिक नहीं है, इसलिए मैं उसे धन उधार नहीं दूँगा।"

परंतु मान लें, वह यह कहे, 'हाँ, मैंने व्यापारियों की काफ़ी मदद की है। मैं जानता हूँ कि स्मर्ना तक की यात्रा कैसे की जाती है और वहाँ जाकर गृहिणियों के हाथ से बुने ग़लीचों को कम क़ीमत पर कैसे ख़रीदा जा सकता है। मैं बैबिलॉन के कई अमीर लोगों को भी जानता हूँ, जिन्हें मैं भारी मुनाफ़े पर ये ग़लीचे बेच सकता हूँ।' इस पर मैं उससे कहूँगा, 'आपका उद्‌देश्य समझदारीपूर्ण है और आपकी महत्वाकांक्षा सम्मानजनक है। मैं आपको ख़ुशी-ख़ुशी सोने की पचास मोहरें दे दूँगा, परंतु बदले में मुझे कोई ऐसी चीज़ चाहिए, जो इन मोहरों के लौटने की गारंटी दे सके।' लेकिन अगर वह कहे, 'मेरे पास गिरवी रखने के लिए कोई चीज़ नहीं है। मैं एक सम्मानित व्यक्ति हूँ और मैं आपको कर्ज़ के बदले में अच्छा सूद दूँगा।' तो मेरा जवाब यह होगा, 'मैं सोने की हर मोहर का ख़्याल रखता हूँ। अगर स्मर्ना की यात्रा में जाते समय डाकू आपसे सोने की मोहरें छीन लें या लौटते समय अगर वे आपसे ग़लीचे छीन लें, तो आप मेरा कर्ज़ नहीं चुका पाएँगे और मेरा सारा पैसा डूब जाएगा।'

रोडन, धन से साहूकार का व्यापार चलता है। इसे उधार देना

आसान है। अगर इसे नासमझी से उधार दिया जाता है, तो इसका वापस लौटना मुश्किल होता है। समझदार साहूकार उधार देते समय जोख़िम नहीं लेता है। वह सुरक्षित भुगतान की गारंटी चाहता है।

उसने आगे कहा, "मुश्किल में फँसे लोगों की मदद करना अच्छी बात है। दुर्भाग्य के शिकार लोगों की मदद करना अच्छी बात है। उन लोगों की मदद करना भी अच्छी बात है, जो अपना व्यवसाय शुरू कर रहे हैं, ताकि वे प्रगति कर सकें और सम्मानित नागरिक बन सकें। परंतु मदद समझदारीपूर्ण तरीक़े से की जाना चाहिए, वरना मदद करते समय किसान के खच्चर की तरह हम भी दूसरों का बोझ अपने ऊपर लाद लेंगे।"

"एक बार फिर मैं तुम्हारे मूल सवाल से दूर भटक गया हूँ रोडन, परंतु मेरा जवाब सुन लो : 'अपनी सोने की पचास मोहरें अपने ही पास रखो। जो तुमने अपनी मेहनत से कमाया है और जो तुम्हें पुरस्कार में मिला है, वह तुम्हारा है और कोई व्यक्ति इस पर तब तक हक़ नहीं जमा सकता, जब तक कि तुम ऐसा न चाहो। अगर तुम इसे उधार देते हो, ताकि यह तुम्हारे लिए सूद कमा सके, तो इस काम में सतर्क रहना और कई जगहों पर इसका निवेश करना। मुझे पर्स में पड़ा रहने वाला आलसी सोना पसंद नहीं है। बहरहाल, मुझे जोखिम तो उससे भी ज़्यादा नापसंद है।"

"तुम्हें भाले बनाने का काम करते हुए कितने साल हो गए हैं?"

"पूरे तीन साल।"

"राजा के उपहार के अलावा तुमने कितना बचा लिया है?"

"सोने की तीन मोहरें।"

"हर साल तुमने मेहनत की, हर साल तुमने सोने की एक मोहर को बचाने के लिए अपनी इच्छाओं पर क़ाबू रखा और अच्छी-अच्छी चीज़ें ख़रीदने के बजाय बचत की?"

"बिल्कुल सही बात है।"

"इस तरह तुम ख़ुद की इच्छाओं पर क़ाबू रखकर पचास साल में सोने की पचास मोहरें बचा सकते हो?"

"इस काम में ज़िंदगी भर की मेहनत लगेगी।"

"ज़रा सोचो कि क्या तुम्हारी बहन तुम्हारी पचास साल की मेहनत की बचत को जोख़िम में डालना चाहेगी, सिर्फ़ इसलिए क्योंकि उसका पति व्यापारी बनने का प्रयोग करना चाहता है?"

"अगर मैं आपके शब्दों में बोलूँ, तो वह ऐसा कभी नहीं चाहेगी।"

"तो उससे जाकर कह दो, 'तीन साल तक मैंने हर दिन सुबह से रात तक मेहनत करके और अपनी इच्छाओं पर क़ाबू रखकर बचत की है। साल भर की मेहनत और किफ़ायत के बाद मैं सोने की एक मोहर बचा पाया हूँ। तुम मेरी प्रिय बहन हो और मैं चाहता हूँ कि तुम्हारा पति किसी ऐसे व्यवसाय में लग जाए, जिसमें वह बहुत अमीर बन सके। अगर वह मेरे सामने कोई ऐसी योजना रखता है, जो मेरे मित्र मैथन को समझदारीपूर्ण और संभव लगती है, तो मैं ख़ुशी-ख़ुशी उसे अपनी एक साल की बचत उधार दे दूँगा, ताकि उसे यह साबित करने का अवसर मिले कि वह सफल हो सकता है।' अगर उसके पति के मन में सफल होने की प्रबल इच्छा है, तो वह सफल हो सकता है। अगर वह असफल भी हो जाता है, तो भी उस पर इतना ज़्यादा कर्ज़ नहीं होगा, जिसे वह कभी न चुका पाए।"

"मैं धन इसलिए उधार देता हूँ, क्योंकि मैं अपने व्यापार में जितने धन का प्रयोग कर सकता हूँ, मेरे पास उससे ज़्यादा धन है। मैं चाहता हूँ कि मेरा अतिरिक्त धन दूसरों के लिए मेहनत करे और उससे ज़्यादा पैसा कमाया जा सके। मैं धन गँवाने का जोख़िम नहीं लेना चाहता हूँ क्योंकि मैंने इसे हासिल करने के लिए काफ़ी मेहनत की है और बहुत सी इच्छाओं का त्याग किया है। इसलिए मैं इसे वहाँ उधार नहीं दूँगा, जहाँ मुझे यह विश्वास न हो कि यह सुरक्षित रहेगा और मेरे पास वापस आएगा। मैं इसे वहाँ भी उधार नहीं दूँगा, जहाँ मुझे यह विश्वास न हो कि इसका ब्याज मुझे समय पर दिया जाएगा।"

"रोडन, मैंने तुम्हें अपनी निशानी वाली संदूक के कुछ रहस्य बताए हैं। उनसे तुम इंसानों की कमज़ोरियाँ को समझ सकते हो और यह भी कि कर्ज़ चुकाने के साधन न होने के बावज़ूद लोग कर्ज़ लेने के लिए कितने उत्सुक रहते हैं। लोग यह सोचते हैं कि अगर उनके पास व्यवसाय शुरू करने के लिए पैसा आ जाए, तो दौलत उनके घर में बरसने लगेगी। परंतु इस तरह की आशा झूठी होती है, क्योंकि उनके पास सफल होने की योग्यता या प्रशिक्षण नहीं होता है।"

"रोडन, तुम्हारे पास अभी धन है। उससे तुम्हें ब्याज हासिल करना चाहिए। तुम भी मेरी ही तरह धन उधार दे सकते हो। अगर तुम अपने ख़ज़ाने को सुरक्षित रखोगे, तो यह तुम्हें बहुत सा धन कमाकर देगा। यह तुम्हारे लिए ज़िंदगी भर सुख और लाभ का स्रोत होगा। परंतु अगर तुम इसे गँवा देते हो, तो यह ज़िंदगी भर सतत दुख और पश्चाताप का स्रोत रहेगा।"

"अपने पर्स में रखे इस धन के बारे में तुम्हारी सबसे ज़्यादा इच्छा क्या है?"

"इसे सुरक्षित रखना।"

मैथन ने प्रशंसा के अंदाज़ में कहा, "बहुत समझदारी का जवाब दिया। तुम्हारी पहली इच्छा सुरक्षा की है। क्या तुम यह सोचते हो कि तुम्हारी बहन के पति के पास पहुँचने पर यह धन सचमुच संभावित नुक़सान से सुरक्षित रहेगा?"

"मुझे डर है कि यह सुरक्षित नहीं रहेगा। उसमें धन को सुरक्षित रखने की समझदारी नहीं है।"

"ऐसे व्यक्ति पर धन के मामले में विश्वास क्यों करते हो? रिश्ते-नातों की मूर्खतापूर्ण भावनाओं से विचलित होना ठीक बात नहीं है। अगर तुम अपने परिवार या मित्रों की मदद करना चाहते हो, तो धन गँवाने का जोख़िम लेने के अलावा दूसरे तरीक़े खोजो। यह मत भूलो कि जो लोग धन की सुरक्षा करने के मामले में कुशल नहीं होते हैं, धन उनके

पास से अप्रत्याशित तरीक़ों से चला जाता है। दूसरों को देकर धन गँवाने से तो अच्छा है कि तुम ख़ुद ही ख़र्च करके इसे उड़ा डालो।"

"सुरक्षा के बाद इस धन के बारे में तुम्हारी क्या इच्छा है?"

"यही कि इससे ज़्यादा धन आए।"

"एक बार फिर तुमने समझदारी भरा जवाब दिया है। इसे अतिरिक्त धन कमाने के काम में लगाया जाना चाहिए, तभी यह बढ़ेगा। समझदारी से उधार दिया गया धन इंसान के बूढ़े होने से पहले दोगुना हो सकता है। अगर तुम मूलधन गँवाने का जोख़िम लेते हो, तो तुम उसके ब्याज को भी गँवाने का जोख़िम लेते हो, जो यह कमा सकता है।"

"इसलिए अव्यावहारिक लोगों की काल्पनिक योजनाओं से मत डगमगाओ, जो सोचते हैं कि उन्हें आपके धन से बहुत बड़ी रक़म कमाने के तरीक़े मालूम हैं। इस तरह की योजनाएँ हवाई सपने देखने वाले लोग बनाते हैं, जिन्हें व्यवसाय के सुरक्षित और विश्वसनीय नियमों का ज्ञान नहीं होता है। अपने धन पर तुम कितने प्रतिशत ब्याज चाहते हो, इस बारे में तुम ज़मीन पर ही रहना, ताकि तुम्हारा मूलधन सुरक्षित रह सके और तुम उसका आनंद ले सको। बहुत ज़्यादा लाभ कमाने के लालच में आकर उधार देना नुक़सान को आमंत्रित करना है।"

"ख़ुद को ऐसे लोगों और योजनाओं से जोड़ो, जिनकी सफलता प्रमाणित हो चुकी है, ताकि तुम्हारा मूलधन उनके कुशल प्रयोग से अच्छी कमाई करे और उनकी समझदारी तथा अनुभव द्वारा सुरक्षित रहे।"

"इस तरह तुम उन दुर्भाग्यों से बच सकते हो, जो अधिकांश इंसानों पर उस समय आते हैं, जब ईश्वर उन्हें धन प्रदान करता है।"

जब रोडन ने मैथन की समझदारी भरी सलाह के लिए उसे धन्यवाद दिया, तो मैथन ने कहा, "सम्राट का तोहफ़ा तुम्हारा काफ़ी ज्ञान बढ़ाएगा। अगर तुम सोने की पचास मोहरों को सुरक्षित रखना चाहते हो, तो तुम्हें बहुत समझदारी से काम लेना होगा। तुम्हारे सामने कई प्रलोभन आएँगे। तुम्हें बहुतेरी सलाहें दी जाएँगी। तुम्हें अविश्वसनीय लाभ देने

वाले असंख्य अवसरों की योजनाएँ बताई जाएँगी। निशानियों वाले संदूक की कहानियों से तुम्हें सचेत हो जाना चाहिए। जब तुम अपने पर्स से सोने की मोहरें निकालकर किसी को उधार दो, तो पहले यह सुनिश्चित कर लेना कि वे सुरक्षित रूप से तुम्हारे पास लौट आएँगी। अगर तुम्हें आगे कभी मेरी सलाह की ज़रूरत पड़े, तो बिल्कुल मत हिचकिचाना। सलाह देने में मुझे ख़ुशी होती है।"

जाने से पहले उस वाक्य को पढ़ते जाओ, जो मैंने अपने निशानियों वाले संदूक के नीचे लिख रखा है। यह कर्ज़दार और साहूकार दोनों पर लागू होता है :

बड़े पश्चाताप के बजाय थोड़ी सी सावधानी बेहतर है।

✧ ✧ ✧

बैबिलॉन की दीवारें

बांज़र नामक वृद्ध सैनिक बैबिलॉन की दीवारों तक ऊपर जाने वाली सीढ़ियों पर पहरा दे रहा था। ऊपर बहादुर रक्षक दीवारों की रक्षा करने के लिए युद्ध कर रहे थे। उन पर इस महान शहर और इसमें रहने वाले लाखों नागरिकों का भविष्य निर्भर था।

दीवारों के पार से हमलावर सेना का शोर सुनाई दे रहा था। बहुत से लोगों के चीख़ने की आवाज़ें आ रही थीं, हज़ारों घोड़ों की टापें सुनाई दे रही थीं और मेढ़ों की कानफोड़ू आवाज़ें आ रही थीं, जो अपने सिर से काँसे के द्वार पर प्रहार कर रहे थे।

नगर के द्वार के पीछे वाली सड़क पर सैनिक भाले लेकर तैयार थे। द्वार टूटने की स्थिति में वे दुश्मन से मुक़ाबला करने के लिए तैयार खड़े थे। परंतु इस काम के लिए तैयार सैनिकों की संख्या आवश्यकता से बहुत कम थी। बैबिलॉन की ज़्यादातर सेना सम्राट के साथ इलेमाइट्स के ख़िलाफ़ पूर्व दिशा में लड़ने गई थी। उनकी अनुपस्थिति में शहर पर हमले की कोई आशंका नहीं थी, इसलिए रक्षा करने वाली सेना बहुत कम थी। अप्रत्याशित रूप से उत्तर दिशा से एसीरियन्स की शक्तिशाली सेना

ने हमला कर दिया। और अब रक्षा की ज़िम्मेदारी इन दीवारों पर आ गई थी, वरना बैबिलॉन नष्ट हो जाता।

बूढ़े सैनिक बांज़र के आसपास नागरिकों की भीड़ लगी थी। दहशत के मारे सबके चेहरे सफ़ेद थे और वे युद्ध की ताज़ा स्थिति जानना चाह रहे थे। ख़ामोशी से उन्होंने घायल और मृत सैनिकों की क़तार को देखा, जिन्हें उस रास्ते से लाया जा रहा था।

यह हमले का महत्वपूर्ण मोड़ था। दीवारों के तीन दिन तक चक्कर लगाने के बाद दुश्मन ने अचानक अपनी पूरी ताक़त इस हिस्से और इस दरवाज़े पर लगा दी थी।

दुश्मन मंच बनाकर और सीढ़ी लगाकर ऊपर चढ़ने की कोशिश कर रहे थे। उधर दीवार के ऊपर मौज़ूद बैबिलॉन के सैनिक तीरों और खौलते हुए तेल का प्रयोग करके दुश्मनों को ऊपर पहुँचने से रोक रहे थे। अगर इसके बावज़ूद कोई दुश्मन ऊपर पहुंच जाए, तो सैनिक भाले लेकर तैयार खड़े थे। सैनिकों पर दुश्मनों के हज़ारों तीरंदाज़ तीरों की घातक बौछार कर रहे थे।

बूढ़े बांज़र की स्थिति युद्ध की ख़बर देने के हिसाब से बहुत अनुकूल थी। वह युद्ध के सबसे क़रीब था और उत्साही आक्रमणकर्ताओं के हर ताज़े हमले के बारे में उसे सबसे पहले पता चलता था।

एक बूढ़े व्यापारी ने क़रीब आकर अपने कमज़ोर और काँपते हाथों को हिलाते हुए पूछा, "मुझे बताओ! मुझे बताओ! दुश्मन अंदर तो नहीं घुस आएँगे। मेरे बेटे सम्राट के साथ गए हैं। मेरी बूढ़ी पत्नी की रक्षा करने वाला कोई नहीं है। दुश्मन मेरा सारा सामान लूटकर ले जाएँगे। मेरा भोजन भी ले जाएँगे। हमारे पास कुछ भी नहीं बचेगा। हम बूढ़े हैं, इतने बूढ़े कि हम अपनी रक्षा नहीं कर सकते और हमें ग़ुलाम के रूप में बेचा भी नहीं जा सकता। हम भूखों मर जाएँगे। हम तबाह हो जाएँगे। मुझे बताओ कि कहीं वे अंदर तो नहीं आ जाएँगे।"

सैनिक ने जवाब दिया, "शांत रहें, अच्छे व्यापारी। बैबिलॉन की

दीवारें बहुत मज़बूत हैं। घर जाकर अपनी पत्नी को तसल्ली दो कि दीवारें आपकी तथा आपके सामान की सुरक्षा उसी तरह करेंगी, जैसे वे सम्राट के बेशक़ीमती ख़ज़ाने की रक्षा करती हैं। दीवार के पास खड़े रहें, ताकि कहीं कोई उड़ता हुआ तीर आपको न लग जाए!"

बूढ़े व्यापारी के चले जाने के बाद गोद में बच्ची लिए एक महिला वहाँ आकर खड़ी हो गई। "सैनिक, ऊपर से क्या ख़बर है? मुझे सच-सच बताना, ताकि मैं अपने पति को तसल्ली दे सकूँ। वह गहरे घावों की वजह से बुखार में पड़ा है, परंतु वह मेरी रक्षा करने के लिए ज़िरहबख़्तर और भाला उठाकर बाहर निकलने के लिए तैयार है। मुझे बच्चा होने वाला है। वह कहता है कि अगर दुश्मनों की सेना अंदर घुस आई, तो उनका प्रतिशोध भयानक होगा।"

"तसल्ली रखो, एक बच्चे की माँ और दूसरे बच्चे की होने वाली माँ, क्योंकि बैबिलॉन की दीवारें तुम्हारी तथा तुम्हारे बच्चों की रक्षा करेंगी। वे ऊँची और मज़बूत हैं। क्या तुमने हमारे बहादुर सैनिकों की आवाज़ें नहीं सुनीं, जब उन्होंने सीढ़ियों पर चढ़ने वालों पर खौलते हुए तेल के ड्रम फेंके थे?"

"हाँ, मैंने वह आवाज़ सुनी थी। और मैंने हमला करने वाले मेढ़ों की आवाज़ भी सुनी थी, जो हमारे द्वार पर प्रहार कर रहे हैं।"

"अपने पति के पास लौट जाओ। उसे बता दो कि दरवाज़े मज़बूत हैं और इन मेढ़ों के प्रहार से उनका बाल भी बाँका नहीं होगा। यह भी बता दो कि अगर सीढ़ी लगाकर कुछ दुश्मन सैनिक दीवारों पर चढ़ने में सफल हो भी जाते हैं, तो भालों की नोंक ऊपर उनका इंतज़ार कर रही है। इन इमारतों के पीछे से सँभलकर जाना।"

बांज़र सैनिकों की टुकड़ी को रास्ता देने के लिए एक तरफ़ हट गया। काँसे की आवाज़ करती ढालों और भारी क़दमों से जब सैनिक पास से गुज़रे, तो एक छोटी लड़की ने बांज़र के कमरबंद को खींचा।

उसने आग्रह किया, "सैनिक मुझे बताओ, हम सुरक्षित तो हैं? मैंने

भयानक आवाज़ें सुनी हैं। मैंने सैनिकों को लहूलुहान देखा है। मैं बहुत डर गई हूँ। हमारे परिवार, मेरी माँ, छोटे भाई और बच्चे का क्या होगा?"

बच्ची को देखकर बूढ़े सैनिक ने अपनी आँखें झपकाईं और अपनी ठुड्डी को आगे निकाल लिया।

"बेटी, डरो मत। बैबिलॉन की दीवारें तुम्हारी और तुम्हारी माँ, तुम्हारे छोटे भाई और बच्चे की रक्षा करेंगी। शहर को सुरक्षित रखने के लिए महारानी सेमिरैमिस ने सौ साल पहले ये दीवारें बनवाई थीं। आज तक दुश्मन उनके पार नहीं आ पाए हैं। जाकर अपने परिवार वालों से कह दो कि बैबिलॉन की दीवारें उनकी रक्षा करेंगी और उन्हें डरने की ज़रूरत नहीं है।"

हर दिन बूढ़ा बांज़र अपनी जगह पर खड़ा होता था और गलियारे में से सैनिकों को ऊपर जाते देखता था, जो वहाँ पर तब तक लड़ते रहते थे, जब तक कि वे घायल न हो जाएँ या मर न जाएँ। उसके बाद उन्हें एक बार फिर नीचे लाया जाता था। उसके चारों तरफ़ डरे हुए नागरिकों की भीड़ हमेशा लगी रहती थी, जो यह जानने के लिए उत्सुक थे कि क्या दीवारें हमले को सहन कर पाएँगी। वह बूढ़ा सैनिक गरिमापूर्ण अंदाज़ में उन सबसे यही कहता था, "बैबिलॉन की दीवारें आपकी रक्षा करेंगी।"

तीन सप्ताह और पाँच दिन तक उसी प्रबलता से लगातार हमला होता रहा। बांज़र का चेहरा सख़्त होता गया, जब उसने अपने पीछे के गलियारे को घायल सैनिकों के ख़ून से लाल होते देखा। उसने देखा कि ऊपर-नीचे आने-जाने वाले सैनिकों के कारण कीचड़ सा मच गया था। हर दिन मरे हुए दुश्मनों का ढेर दीवार के सामने लग जाता था। हर रात को उनके साथी उन्हें ले जाकर दफ़ना देते थे।

चौथे सप्ताह की पाँचवीं रात को बाहर का शोर थम गया। दिन के उजाले की पहली किरण में लोगों ने देखा कि लौटती सेनाएँ धूल के विशाल बादल उड़ाती जा रही थीं।

रक्षा करने वालों ने जमकर शोर मचाया। इसका मतलब समझने

में कोई ग़लती नहीं हो सकती थी। दीवारों के पीछे इंतज़ार कर रही टुकड़ियों ने इस शोर को दोहराया। शोर की गूँज सड़कों पर इंतज़ार कर रहे नागरिकों ने भी दोहराई। शोर किसी तूफ़ान की तरह पूरे शहर में फैल गया।

लोग अपने-अपने घरों से निकलकर बाहर आ गए। सड़कों पर भारी भीड़ जमा हो गई। कई सप्ताह की दहशत ख़ुशी के ज़बर्दस्त कोलाहल में बदल गई। बेल के मंदिर की ऊँची मीनार पर विजय की मशाल जला दी गई। नीला धुआँ आसमान में उड़ने लगा, ताकि संदेश दूर-दूर तक पहुँच सके।

बैबिलॉन की दीवारों ने एक बार फिर शक्तिशाली और दुष्ट दुश्मन के इरादों को नाकामयाब कर दिया था, जो उसके समृद्ध ख़ज़ाने को हथियाना चाहता था और इसके नागरिकों को लूटना तथा ग़ुलाम बनाना चाहता था।

बैबिलॉन सदियों तक इसीलिए सुरक्षित रह पाया, क्योंकि इसकी दीवारों के कारण यह *पूरी तरह सुरक्षित* था। इसके अलावा कोई उपाय भी नहीं था।

बैबिलॉन की दीवारें मनुष्य की सुरक्षा की ज़रूरत और इच्छा का उत्कृष्ट उदाहरण हैं। यह इच्छा समूची मानव जाति में होती है। यह हमेशा की तरह आज भी उतनी ही प्रबल है, परंतु हमने इस उद्देश्य को पूरा करने के लिए बड़ी और बेहतर योजनाएँ बना ली हैं।

आज हम बीमे, बचत ख़ातों और विश्वसनीय निवेशों की अभेद्य दीवारों से ख़ुद को अप्रत्याशित त्रासदियों से बचा सकते हैं, जो किसी भी दरवाज़े से अंदर आ सकती हैं और किसी भी घर पर हमला कर सकती हैं।

पर्याप्त सुरक्षा के बिना रहना
समझदारी नहीं है।

बैबिलॉन का ऊँटों का व्यापारी

इंसान को जितनी ज़्यादा भूख लगती है, उसका दिमाग़ उतनी ही ज़्यादा स्पष्टता से काम करता है - इसके अलावा वह भोजन की ख़ुशबू के प्रति उतना ही ज़्यादा संवेदनशील भी हो जाता है।

अज़योर का पुत्र तरक़ाद निश्चित रूप से ऐसा ही महसूस कर रहा था। दो दिन से उसके मुँह में अन्न का दाना भी नहीं गया था। उसने सिर्फ़ दो छोटे अंजीर खाए थे, जो उसने एक बगीचे की दीवार के ऊपर से चुराकर तोड़े थे। वह इससे ज़्यादा इसलिए नहीं तोड़ पाया, क्योंकि तभी बगीचे की मालकिन ग़ुस्से में बाहर निकल आई और उसे पकड़ने के लिए सड़क पर भागने लगी। उसकी तीखी चीख़ अब भी तरक़ाद के कानों में गूँज रही थी, हालाँकि इस समय वह बाज़ार से गुज़र रहा था। इसी कारण वह ख़ुद पर इतना संयम रख पा रहा था कि बाज़ार में फल बेचने वाली महिलाओं की ललचाने वाली टोकरियों तक अपनी बेचैन उँगलियों को न पहुँचने दे।

इससे पहले उसे कभी यह एहसास नहीं हुआ था कि बैबिलॉन के बाजारों में खाने-पीने का इतना सामान आता है और उसकी ख़ुशबू इतनी अच्छी होती है। बाज़ार छोड़कर वह सराय की तरफ़ चल दिया। वह सराय के भीतर जाकर कुछ खाना चाहता था और इसी आशा में सराय के सामने इधर से उधर घूमने लगा। काश कोई जान-पहचान वाला मिल जाए, जिससे वह ताँबे का एक सिक्का उधार ले सके। वह जानता था कि ताँबे के सिक्के को देखकर ही सराय का मालिक मुस्कराएगा और उसे भरपेट खाना खिलाएगा। वह यह भी जानता था कि ताँबे के सिक्के के बिना सराय का मालिक उसे दुत्कार कर भगा देगा।

वह सोच-विचार में इतना खोया हुआ था कि उसे अपने आस-पास की ज़रा भी सुध-बुध नहीं रही। अचानक उसने अपने सामने एक ऐसे व्यक्ति को खड़े देखा, जिससे वह सबसे ज़्यादा बचना चाहता था। वह ऊँटों का व्यापारी देबेज़िर था। उसने जितने भी दोस्तों और अन्य लोगों से उधार लिया, उनमें देबेज़िर सबसे ज़्यादा परेशान करता था, क्योंकि तरक़ाद तत्काल कर्ज़ चुकाने के अपने वादे को पूरा नहीं कर पाया था।

तरक़ाद को देखकर देबेज़िर के चेहरे पर चमक आ गई। "अरे वाह! यह तो तरक़ाद है। मैं तुम्हें ही तो ढूँढ़ रहा था, ताकि तुम मुझे ताँबे के वे दो सिक्के चुका दो, जो मैंने तुम्हें पंद्रह दिन पहले उधार दिए थे; इसके अलावा चाँदी का वह सिक्का भी, जो मैंने तुम्हें इससे पहले उधार दिया था। तुम अच्छे मिल गए। आज वे सिक्के मेरे बहुत काम आ सकते हैं। तुम क्या कहते हो, बच्चे? क्या कहते हो?"

तरक़ाद हकलाने लगा और उसका चेहरा लाल पड़ गया। उसके ख़ाली पेट में कुछ भी नहीं था, जिससे उसे मुँहफट देबेज़िर के साथ बहस करने की शक्ति मिले। वह कमज़ोर स्वर में बुदबुदाया, "मुझे अफ़सोस है, मुझे बहुत अफ़सोस है। परंतु आज मेरे पास ताँबे या चाँदी का एक भी सिक्का नहीं है, जिससे मैं आपका उधार चुका सकूँ।"

देबेज़िर ने ज़ोर देकर कहा, "तो फिर उनका इंतज़ाम करो। निश्चित रूप से तुम ताँबे और चाँदी के कुछ सिक्कों का इंतज़ाम तो कर

ही सकते हो, ताकि अपने पिता के पुराने मित्र का कर्ज़ चुका सको, जिसने ज़रूरत के समय तुम्हारी मदद की थी?"

"चूँकि बदक़िस्मती मेरा पीछा कर रही है, इसलिए मैं आपका कर्ज़ नहीं चुका सकता।"

"बदक़िस्मती! अपनी कमज़ोरी के लिए देवी-देवताओं को दोष क्यों देते हो? बदक़िस्मती हर उस व्यक्ति का पीछा करती है, जो कर्ज़ चुकाने के बजाय कर्ज़ लेने के बारे में ज़्यादा सोचता है। मैं सराय में खाना खाने जा रहा हूँ, क्योंकि मुझे बहुत भूख लग रही है। तुम भी मेरे साथ आ जाओ। मैं तुम्हें एक कहानी सुनाना चाहता हूँ।"

तरक़ाद को देबेज़िर का मुँहफट अंदाज़ पसंद नहीं था, परंतु सराय के अंदर जाने के विचार से उसे ख़ुशी हुई, क्योंकि अब उसके मन में भोजन मिलने की आशा जाग गई थी।

देबेज़िर उसे कमरे के दूर वाले कोने में ले गया, जहाँ वे छोटे क़ालीनों पर बैठे।

जब सराय का मालिक कासकोर उनके पास मुस्कराते हुए आया, तो देबेज़िर ने उससे मज़ाकिया अंदाज़ में कहा, "रेगिस्तान की मोटी छिपकली, मेरे लिए बकरे की टाँग लाओ, जिसमें बहुत सारा गोश्त हो और जो बिलकुल भूरी हो। इसके अलावा ब्रेड और सब्ज़ियाँ भी लाओ, क्योंकि मैं बहुत भूखा हूँ और डटकर भोजन करना चाहता हूँ। मेरे मित्र को भी मत भूलना। उसके लिए एक जग भरकर पानी लाना। पानी ठंडा होना चाहिए, क्योंकि आज बहुत गर्मी है।"

तरक़ाद निराश हो गया। क्या यहाँ पर बैठकर वह सिर्फ़ पानी पिएगा और इस आदमी को बकरे की मोटी टाँग खाते हुए देखेगा? उसने कुछ नहीं कहा। वह यह सोच नहीं पा रहा था कि वह क्या कहे।

बहरहाल देबेज़िर ने तो चुप रहना कभी सीखा ही नहीं था। वह दूसरे ग्राहकों की तरफ़ देखकर मुस्कराने लगा और मित्रतापूर्ण अंदाज़ में हाथ हिलाने लगा। वे सब उसे अच्छी तरह जानते थे। इसके बाद देबेज़िर

ने आगे कहा।

"अफ़्रा से हाल ही में एक यात्री लौटा है। उसने मुझे एक अमीर आदमी के बारे में बताया, जिसने पत्थर के एक टुकड़े को इतना बारीक तराश लिया है कि इंसान उसके आर-पार देख सकता है। उसने इसे अपने घर की खिड़की में लगा दिया है, ताकि बारिश से बचा जा सके। यात्री के अनुसार यह पत्थर पीला है। यात्री ने जब इसके आर-पार देखा, तो बाहर की दुनिया विचित्र दिख रही थी और अपने वास्तविक रंगरूप में नज़र नहीं आ रही थी। इस बारे में तुम क्या कहते हो, तरक़ाद? क्या तुम्हें लगता है कि इंसान को दुनिया वास्तविकता से अलग दिख सकती है?"

"शायद।" युवक ने कहा। उसकी दिलचस्पी कहानी से ज़्यादा बकरे की मोटी टाँग में थी, जो देबेज़िर के सामने रखी थी।

"मैं जानता हूँ कि यह सच है, क्योंकि मैंने दुनिया को वास्तविकता से भिन्न रंग में देखा है। मैं तुम्हें एक कहानी सुनाने जा रहा हूँ। उससे तुम यह जान जाओगे कि मैं दुनिया को फिर से सही रंगों में कैसे देख पाया।"

पड़ोस में खाना खा रहे एक व्यक्ति ने अपने पड़ोसी से फुसफुसाते हुए कहा, "देबेज़िर कहानी सुना रहा है।" वह अपने क़ालीन को पास खींच लाया। भोजन करने वाले बाक़ी लोग भी अपना भोजन लेकर वहीं आ गए और एक अर्धवृत्त बना लिया। उनके चबर-चबर खाने की आवाज़ें तरक़ाद के कानों में गूँज रही थीं। सिर्फ़ तरक़ाद ही था, जिसके सामने भोजन नहीं था। देबेज़िर ने उसके लिए भोजन नहीं मँगाया था। न ही उसने तरक़ाद को ब्रेड का वह टुकड़ा उठाने का इशारा किया था, जो प्लेट से फ़र्श पर गिर गया था।

देबेज़िर ने बकरे की टाँग का एक बड़ा हिस्सा काटने के बाद कहा, "आज जो कहानी मैं सुनाने जा रहा हूँ, वह मेरे शुरुआती जीवन के बारे में है। इस कहानी में यह बताया गया है कि मैं ऊँटों का व्यापारी कैसे बना। क्या किसी को मालूम है कि मैं कभी सीरिया में ग़ुलाम था?"

श्रोता आश्चर्य से बुदबुदाने लगे, जिसे सुनकर देबेज़िर संतुष्ट हुआ।

देबेज़िर ने बकरे की टाँग को एक बार फिर कुतरते हुए कहा, "युवावस्था में मैंने अपने पिता का व्यवसाय यानी काठी बनाना सीखा। मैं उनकी दुकान में उनके साथ काम करता था और फिर मेरी शादी हो गई। मैं युवा था, परंतु मुझमें ज़्यादा योग्यता नहीं थी, इसलिए मैं बहुत कम कमा पाता था, सिर्फ़ इतना कि मैं जैसे-तैसे अपनी पत्नी का ख़र्च उठा पाता था। मैं बहुत सी अच्छी चीज़ों की लालसा करता था, परंतु मेरे पास उन्हें ख़रीदने के लिए पैसे नहीं थे। जल्दी ही मैंने पाया कि पैसे न होने के बावज़ूद दुकानदार मुझे उधारी पर सामान देने के लिए तैयार थे।"

"युवा और अनुभवहीन होने के कारण मैं यह नहीं जानता था कि जो व्यक्ति अपनी कमाई से ज़्यादा ख़र्च करता है, वह अनावश्यक भोग-विलास के बीज बोता है और आगे चलकर उसे मुश्किलों और अपमान की फ़सल काटना पड़ती है। चूँकि मैं यह नहीं जानता था, इसलिए मैंने अपने अरमानों को पूरा किया और अपनी पत्नी तथा घर के लिए विलासिता की वस्तुएँ उधारी पर ख़रीद लीं।"

"मैं जितना उधार चुका सकता था, उतना चुकाता रहा। कुछ समय तक तो सब कुछ ठीक चला। परंतु बाद में मैंने पाया कि मैं अपनी आमदनी से एक साथ दोनों काम नहीं कर सकता था; मैं अपनी आमदनी में या तो अपना ख़र्च चला सकता था या फिर अपना कर्ज़ चुका सकता था। कर्ज़दार अपना उधार वसूल करने के लिए मेरा पीछा करने लगे और मेरी ज़िंदगी दुखद बन गई। मैंने अपने मित्रों से उधार लिया, परंतु उनका कर्ज़ भी नहीं चुका पाया। चीज़ें बद से बदतर होती गईं। मैंने अपनी पत्नी को मायके भेज दिया और ख़ुद बैबिलॉन छोड़कर दूसरे शहर में जाने का फ़ैसला किया, जहाँ मुझे बेहतर अवसर मिल सकें।"

"दो साल तक मैंने कारवाँ के व्यापारियों के यहाँ काम किया। इस दौरान मैं बहुत बेचैन और दुखी रहा। इसके बाद मैं डकैतों के गिरोह में शामिल हो गया, जो रेगिस्तान में निःशस्त्र कारवाँ की तलाश में भटकते

हैं। इस तरह के काम हमारे ख़ानदान के नाम पर कलंक थे, परंतु मैं दुनिया को रंगीन पत्थर से देख रहा था और मुझे यह एहसास नहीं था कि मेरा कितना पतन हो गया है।"

"हमें अपने पहले अभियान में सफलता मिली। हमने बहुत सा सोना, रेशमी कपड़े और अन्य मूल्यवान वस्तुएँ लूट लीं। हम लूट के सामान को गिनिर ले गए और ख़र्च कर डाला।"

"दूसरी बार हमारी क़िस्मत उतनी अच्छी नहीं रही। जैसे ही हमने सामान लूटा, कुछ सशस्त्र लोगों ने हम पर हमला कर दिया। ये भाले वाले उस क़बीले के मुखिया ने भेजे थे, जिसे कारवाँ संरक्षण के लिए पैसे देते थे। हमारे दो लीडर्स मारे गए और बाक़ी सब लोगों को पकड़कर दमिश्क ले जाया गया, जहाँ हमारे कपड़े उतारकर हमें ग़ुलामों के रूप में बेच दिया गया।"

"मुझे सीरिया के रेगिस्तानी क़बीले के मुखिया ने चाँदी के दो सिक्कों में ख़रीदा। मेरे बाल उतरवा दिए गए और मेरे शरीर पर सिर्फ़ एक कपड़ा था, जो कमर पर लिपटा हुआ था। मैं बाक़ी ग़ुलामों से ज़्यादा अलग नहीं था। लापरवाह युवक की तरह मैंने सोचा कि यह अनुभव भी रोमांचक होगा। परंतु मैं तब दहल गया, जब मेरे मालिक ने मुझे अपनी चार पत्नियों के सामने पेश करके कहा कि वे मुझे अपना किन्नर बना सकती हैं।"

"दरअसल तब जाकर मुझे अपनी निराशाजनक स्थिति का एहसास हुआ। रेगिस्तान के ये लोग जंगली और योद्धा थे। उनकी इच्छाओं का पालन करना मेरी मजबूरी थी, क्योंकि मेरे पास न तो हथियार थे, न ही बचाव के साधन।"

"जब उन चारों महिलाओं ने मुझे ग़ौर से देखा, तो मैं दहशत में खड़ा रहा। मैं सोच रहा था कि क्या मुझे उनसे दया की आशा करना चाहिए। पहली पत्नी सीरा बाक़ी तीनों पत्नियों से बड़ी थी। मेरी तरफ़ देखते समय उसका चेहरा भावहीन था। मुझे उससे दया की क़तई उम्मीद

नहीं थी। मैंने दूसरी पत्नी की तरफ़ आशा भरी नज़र डाली। वह एक घमंडी सुंदरी थी, जो मेरी तरफ़ इतनी उदासीनता से देख रही थी, जैसे ज़मीन पर रेंगने वाले किसी कीड़े को देख रही हो। बाक़ी दोनों छोटी पत्नियाँ हँस रही थीं, जैसे यह कोई दिलचस्प मज़ाक़ हो।"

सज़ा का इंतज़ार करते हुए मुझे ऐसा लगा, जैसे एक युग बीत गया हो। हर महिला चाहती थी कि दूसरी महिला फ़ैसला करे। अंत में सीरा ने ठंडी आवाज़ में कहा,

"हमारे पास बहुत से किन्नर हैं, परंतु ऊँटों की देखभाल करने वाले ग़ुलाम बहुत कम हैं। जो हैं, वे किसी काम के नहीं हैं। आज ही मैं अपनी बीमार माँ से मिलने जाना चाहती हूँ, परंतु ऐसा कोई ग़ुलाम नहीं है, जिस पर मैं भरोसा कर सकूँ कि वह मेरे ऊँट को ठीक से ले जाएगा। इस ग़ुलाम से पूछो कि क्या वह ऊँटों की देखभाल कर सकता है।"

इस पर मेरे मालिक ने मुझसे पूछा, 'तुम ऊँटों के बारे में क्या जानते हो?'

अपनी ख़ुशी को छुपाने की कोशिश करते हुए मैंने जवाब दिया, 'मैं उन्हें बिठा सकता हूँ, उन पर बोझ लाद सकता हूँ, उन्हें बिना थके लंबी यात्राओं पर ले जा सकता हूँ। अगर ज़रूरत हो, तो मैं उनके साज़ोसामान की मरम्मत भी कर सकता हूँ।'

"मेरे मालिक ने कहा, 'ऐसा लगता है ग़ुलाम को ऊँट सँभालने का अनुभव है। सीरा, अगर तुम चाहो तो तुम इस आदमी को अपने ऊँटों की देखभाल के लिए रख सकती हो।"

"इस तरह मुझे सीरा के हवाले कर दिया गया। उसी दिन मैं उसे ऊँट पर बैठाकर उसकी बीमार माँ से मिलवाने ले गया। यात्रा लंबी थी और मुझे उसकी मदद के लिए उसे धन्यवाद देने का अवसर मिल गया। मैंने उसे यह भी बताया कि मैं जन्म से ग़ुलाम नहीं था और मेरे पिता बैबिलॉन के एक सम्मानित काठी बनाने वाले थे। मैंने उसे अपने बारे में बहुत कुछ बताया। लेकिन उसके जवाब सुनकर मैं उलझन में पड़ गया

और बाद में मैंने उसकी बातों पर काफ़ी विचार किया।"

"तुम ख़ुद को स्वतंत्र व्यक्ति कैसे कह सकते हो, जब तुम्हारी कमज़ोरी ने तुम्हारा यह हाल कर दिया है? अगर किसी व्यक्ति में ग़ुलाम की आत्मा है, तो चाहे वह जन्म से कुछ भी हो, अंततः वह ग़ुलाम ही बन जाएगा। इंसान भी पानी की तरह अपने स्तर पर पहुँच जाता है। अगर किसी व्यक्ति में स्वतंत्र नागरिक की आत्मा है, तो वह अपने दुर्भाग्य के बावज़ूद अंततः सम्मानित नागरिक बन जाएगा!"

मैं एक साल से ज़्यादा समय तक बाक़ी ग़ुलामों के साथ रहा, परंतु मैं उनसे जुड़ नहीं पाया। एक दिन सीरा ने मुझसे पूछा, 'शाम को बाक़ी ग़ुलाम आपस में मिलते हैं और एक-दूसरे के साथ हँसी-मज़ाक़ करते हैं। परंतु तुम अपने तंबू में अकेले क्यों बैठे रहते हो?'

"इस पर मैंने जवाब दिया, 'मैंने आपकी कही बातों पर विचार किया है। मुझे नहीं लगता कि मुझमें ग़ुलाम की आत्मा है। मैं उनमें से एक नहीं बन सकता, इसलिए मैं अलग बैठता हूँ।"

उसने मुझे विश्वास में लेकर कहा, 'मुझे भी अलग बैठना पड़ता है। मेरे माता-पिता ने बहुत दहेज दिया था और इसी कारण मेरे पति ने मुझसे शादी की थी। बहरहाल उन्हें मुझसे ज़रा भी प्रेम नहीं है। हर औरत की हसरत होती है कि वह माँ बने। परंतु मेरी यह हसरत अधूरी है। मैं बाँझ और निस्संतान हूँ, इसलिए मुझे अलग बैठना पड़ता है। अगर मैं ''मर्द'' होती, तो इस तरह ग़ुलामों जैसी ज़िंदगी जीने के बजाय आत्महत्या कर लेती, लेकिन हमारे क़बीले की परंपराओं में औरत और ग़ुलाम में कोई ख़ास फ़र्क़ नहीं होता है।'

मैंने सीरा से अचानक पूछा, 'अब आप मेरे बारे में क्या सोचती हैं? मुझमें मर्द की आत्मा है या ग़ुलाम की?'

उसने जवाब दिया, 'तुमने बैबिलॉन में जो कर्ज़ लिए थे, क्या तुम उन्हें चुकाना चाहते हो?'

"हाँ, मैं चाहता तो हूँ, परंतु मुझे ऐसा करने का कोई रास्ता दिखाई नहीं देता।"

"अगर तुम समय गुज़र जाने दोगे और उन्हें चुकाने की कोशिश नहीं करोगे, तो तुममें ग़ुलाम की घृणित आत्मा है। जो व्यक्ति ख़ुद का सम्मान नहीं करता है, वह ग़ुलाम ही होता है। और जो व्यक्ति अपने कर्ज़ नहीं चुकाता है, वह ख़ुद का सम्मान नहीं कर सकता है।"

"परंतु मैं क्या कर सकता हूँ, मैं तो सीरिया में ग़ुलाम हूँ ?"

"कमज़ोर आदमी, तुम ज़िंदगी भर सीरिया में ही ग़ुलाम बने रहोगे।"

"मैं कमज़ोर नहीं हूँ," मैंने ग़ुस्से से कहा।

"इसे साबित करके दिखाओ।"

"कैसे ?"

"क्या हमारा महान सम्राट अपने दुश्मनों से हर संभव तरीक़े से और पूरी ताक़त से नहीं लड़ता है ? तुम्हारा कर्ज़ ही तुम्हारा दुश्मन है। उसी ने तुम्हें बैबिलॉन से खदेड़ दिया है। तुमने उससे लड़ना छोड़ दिया है, इसलिए अब वह तुमसे ज़्यादा ताक़तवर बन गया है। अगर तुम मर्द की तरह लड़ते, तो तुम जीत सकते थे। तब शहर के लोग तुम्हारा सम्मान करते। परंतु तुममें उससे संघर्ष करने का हौसला नहीं था और देखो आज तुम्हारा यह हाल है कि तुम ग़ुलाम हो।"

"मैंने उसके निर्दयी आरोपों के बारे में काफ़ी सोचा। मैंने अपनी रक्षा में कई बातें सोचीं, जिनसे मैं सीरा के सामने यह साबित करूँ कि मैं दिल से ग़ुलाम नहीं था। बहरहाल, मुझे ऐसा करने का अवसर नहीं मिल पाया। तीन दिन बाद सीरा की दासी मुझे अपनी मालकिन के पास ले गई।"

सीरा ने कहा, 'मेरी माँ बहुत बीमार हैं। मेरे पति के रेवड़ के दो सबसे अच्छे ऊँट को तैयार करो। उन पर लंबी यात्रा के लिए पानी की मशकें और खाने का सामान बाँध लो। मेरी दासी तुम्हें रसोई से भोजन दे

देगी।' मैंने ऊँटों को तैयार किया। मैं इस बात पर हैरान था कि दासी ने खाने का इतना ज़्यादा सामान क्यों बाँधा था, क्योंकि सीरा की माँ जहाँ रहती थीं, वहाँ पहुँचने में एक दिन से भी कम समय लगता था। दासी सबसे पीछे वाले ऊँट पर सवार थी और मैं अपनी मालकिन के ऊँट को रास्ता दिखा रहा था। उनकी माँ के घर पहुँचते-पहुँचते काफ़ी अँधेरा हो चुका था। सीरा ने दासी को अंदर भेजने के बाद मुझसे कहा,

"देबेज़िर, तुममें स्वतंत्र नागरिक की आत्मा है या ग़ुलाम की?"

मैंने ज़ोर देकर कहा, "स्वतंत्र नागरिक की।"

"अब तुम्हारे सामने यह साबित करने का अवसर आ गया है। इस वक़्त तुम्हारे मालिक शराब के नशे में धुत्त हैं और उनके सिपहसालार भी मदहोश हैं। इन ऊँटों को लेकर यहाँ से भाग जाओ। इस थैले में तुम्हारे मालिक की पोशाक है, जिससे तुम्हें वेश बदलने में मदद मिलेगी। मैं कहूँगी कि जब मैं अपनी बीमार माँ के पास थी, तब तुम ऊँट चुराकर भाग गए।"

मैंने उससे कहा, "आपमें महारानी की आत्मा है। मेरी बहुत इच्छा होती है कि आप भी मेरे साथ चलें, ताकि मैं आपको ख़ुशी प्रदान कर सकूँ।"

उसने जवाब दिया, "ख़ुशी उस भागने वाली पत्नी को नहीं मिलती, जो दूर देशों में अनजान लोगों के बीच इसकी तलाश करती है। अब तुम अपने रास्ते जाओ। रेगिस्तान के देवता तुम्हारी रक्षा करें, क्योंकि तुम्हारी मंज़िल दूर है और रास्ते में तुम्हें खाने-पीने को कुछ नहीं मिलेगा।"

"भागने के लिए मुझे ज़्यादा प्रोत्साहित करने की ज़रूरत नहीं थी। मैंने उसे दिल से धन्यवाद दिया और रात के अँधेरे में दूर चल दिया। मुझे उस अजीब स्थान का कोई ज्ञान नहीं था और सिर्फ़ एक हल्का सा आभास था कि बैबिलॉन किस दिशा में है। बहरहाल, मैं बहादुरी से पहाड़ियों की दिशा में रेगिस्तान के पार चल दिया। मैं एक ऊँट पर सवार हुआ और दूसरे को अपने पीछे-पीछे चलने का इशारा किया। मैंने पूरी रात यात्रा की

और अगले पूरे दिन भी। मैं जानता था कि मालिक का सामान चुराकर भागने वाले ग़ुलामों को बहुत सख़्त सज़ा दी जाती है।"

"उस शाम को मैं एक उजाड़ सी जगह पर पहुँचा। रेगिस्तान की तरह ही यहाँ भी कोई नहीं रहता था। नुकीली चट्टानों ने मेरे वफ़ादार ऊँटों के पैर ज़ख़्मी कर दिए थे। वे बहुत धीमे-धीमे और कराहते हुए चल रहे थे। मुझे रास्ते में इंसान तो क्या, जानवर तक नहीं मिला। मैं अच्छी तरह समझ सकता था कि इस उजाड़ जगह पर कोई क्यों नहीं रहता था।"

"उसके बाद की यात्रा इतनी भीषण थी कि बहुत कम लोग उसे करने के बाद ज़िंदा बचे होंगे। हर दिन हम धीरे-धीरे चलते रहे। हमारे पास जितना भोजन और पानी था, वह सब ख़त्म हो गया। सूरज की गर्मी निर्ममता से हमें झुलसा रही थी। नौवें दिन शाम को मैं अपने ऊँट से फिसलकर गिर पड़ा। मैं जानता था कि मैं इतना कमज़ोर था कि दुबारा ऊँट पर नहीं चढ़ पाऊँगा और इसी उजाड़ जगह पर मर जाऊँगा।"

"मैं ज़मीन पर ही पसर गया और सो गया। मेरी आँख जो लगी, तो सूरज की पहली किरण निकलने पर ही खुली।"

"मैंने उठकर अपने चारों तरफ़ देखा। सुबह की हवा में ठंडक थी। पास में ही मेरे ऊँट लेटे थे, जो बहुत उदास दिख रहे थे। मेरे आस-पास बर्बादी का आलम था, जहाँ चट्टानें, रेत और काँटेदार चीज़ें थीं। वहाँ पर पानी का नामोनिशान नहीं था। इसके अलावा वहाँ पर इंसान या ऊँट के खाने के लिए भी कुछ नहीं था।"

"क्या यह हो सकता है कि इस वीराने में ही मैं इस दुनिया से चला जाऊँगा? उस समय मेरा दिमाग़ जितनी स्पष्टता से सोच रहा था, उतनी स्पष्टता से इसने पहले कभी नहीं सोचा था। अब मेरा शरीर बहुत कम महत्वपूर्ण लग रहा था। मेरे होंठ सूखे थे और उनसे ख़ून निकल रहा था, मेरी जीभ सूखी और सूजी हुई थी, मेरा पेट ख़ाली था, परंतु पिछले दिनों इन सबसे मुझे जितना भीषण दर्द हो रहा था, अब वह ग़ायब हो चुका था।"

"मैंने एक बार फिर ख़ुद से यह सवाल पूछा, 'मुझमें स्वतंत्र नागरिक की आत्मा है या ग़ुलाम की?' फिर स्पष्टता के साथ मुझे एहसास हुआ कि अगर मुझमें ग़ुलाम की आत्मा होती, तो मैंने हार मान ली होती, रेगिस्तान में ही पसरकर मर गया होता, जो एक भगोड़े ग़ुलाम का उचित अंत होता।"

"परंतु अगर मुझमें स्वतंत्र नागरिक की आत्मा है, तो फिर? निश्चित रूप से मैं बैबिलॉन तक पहुँचने की कोशिश करूँगा, अपने पर भरोसा करने वाले लोगों का कर्ज़ चुकाने की कोशिश करूँगा, अपनी प्रेमपूर्ण पत्नी को ख़ुशी दूँगा और अपने माता-पिता को शांति तथा संतुष्टि प्रदान करूँगा।"

सीरा ने कहा था, 'तुम्हारा कर्ज़ ही तुम्हारा दुश्मन है। उसी ने तुम्हें बैबिलॉन से खदेड़ दिया है।' हाँ, यह सही था। मर्द की तरह उसका मुक़ाबला क्यों नहीं किया? मैंने अपनी पत्नी को मायके क्यों भेज दिया?

"फिर एक अजीब चीज़ हुई। पूरी दुनिया अलग नज़र आने लगी। ऐसा लग रहा था, जैसे पहले मैं दुनिया को किसी रंगीन पत्थर के माध्यम से देख रहा था, जो अब अचानक हट गया था। आख़िरकार मुझे सच्चे जीवन मूल्य नज़र आने लगे।"

"मैं और रेगिस्तान में मर जाऊँ! कभी नहीं! अब मेरे मन में एक नया सपना जाग चुका था। अब मैं जानता था कि मुझे कौन से काम करने ही थे। सबसे पहले तो मैं बैबिलॉन जाऊँगा और कर्ज़ देने वाले लोगों से मिलूँगा। मैं उन्हें बताऊँगा कि बरसों तक भटकने और दुर्भाग्य का शिकार होने के बाद मैं उनका कर्ज़ उतारने के लिए आ गया हूँ। जितनी जल्दी देवता इजाज़त देंगे, मैं उनका कर्ज़ उतार दूँगा। फिर मुझे अपनी पत्नी को ख़ुशी देना चाहिए और एक ऐसा नागरिक बनना चाहिए, ताकि मेरे माता-पिता मुझ पर गर्व कर सकें।"

"मेरे कर्ज़ मेरे दुश्मन थे, परंतु जिन लोगों से मैंने कर्ज़ लिया था, वे मेरे मित्र थे। आख़िर उन्होंने मुझ पर विश्वास किया था।"

"मैं लड़खड़ाते हुए अपने पैरों पर खड़ा हुआ। भूख से क्या फ़र्क़ पड़ता था? प्यास से क्या फ़र्क़ पड़ता था? वे तो बैबिलॉन की राह पर होने वाली घटनाएँ भर थीं। मेरे भीतर एक स्वतंत्र व्यक्ति की आत्मा हिलोरें मारने लगी, जो अपने शत्रुओं को जीतने और अपने मित्रों को पुरस्कार देने के लिए जल्दी से बैबिलॉन पहुँचना चाहती थी। मैं महान संकल्प से रोमांचित हो गया।"

"मेरी भर्राई आवाज़ में अब एक नई खनक आ गई थी, जिसे सुनकर मेरे ऊँटों की थकी आँखों में भी चमक आ गई। बहुत कोशिशों के बाद वे उठकर खड़े हुए। कराहते हुए लगन के साथ वे उत्तर दिशा में बढ़ते गए। मेरी अंतरात्मा की आवाज़ यह कह रही थी कि इस दिशा में हमें बैबिलॉन मिल जाएगा।"

जल्द ही हम उपजाऊ इलाक़े में पहुँच गए। यहाँ हमें पानी, घास और फल मिले। हमें बैबिलॉन का रास्ता मिल गया। तब जाकर मुझे यह एहसास हुआ कि स्वतंत्र व्यक्ति की आत्मा ज़िंदगी को ऐसी समस्याओं की श्रृंखला के रूप में देखती है, जिन्हें सुलझाया जाना है और फिर वह उन्हें सुलझा देता है, जबकि ग़ुलाम की आत्मा रोती है, 'मैं क्या कर सकता हूँ, मैं तो ग़ुलाम हूँ।'

"तरक़ाद, तुम अपने बारे में कुछ कहो? क्या तुम्हारे पेट की भूख ने तुम्हारे दिमाग़ को बहुत स्पष्ट कर दिया है? क्या तुम उस राह पर चलने के लिए तैयार हो, जो तुम्हें दुबारा आत्म-सम्मान दिला सके? क्या तुम दुनिया को इसके सच्चे रंग में देख सकते हो? क्या तुममें अपने कर्ज़ चुकाने की इच्छा है, चाहे वे कितने ही ज़्यादा क्यों न हों? क्या तुम दुबारा बैबिलॉन के सम्मानित नागरिक बनना चाहते हो?"

तरक़ाद की आँखों में नमी आ गई। वह अपने घुटनों पर उत्साह से उठा। "आपने मुझे ज़िंदगी जीने का एक नया नज़रिया दिया है। मुझे यह लगने लगा है कि मेरे भीतर स्वतंत्र व्यक्ति की आत्मा हिलोरें मार रही है।"

"परंतु देबेज़िर, यह तो बताओ कि वापस लौटने के बाद तुम्हारा क्या हाल हुआ?" एक दिलचस्पी लेने वाले श्रोता ने पूछा।

देबेज़िर ने जवाब दिया, *"जहाँ संकल्प होता है, वहाँ राह निकल आती है।* मुझमें संकल्प था, इसलिए मैं राह खोजने निकल पड़ा। सबसे पहले तो मैं हर कर्ज़ देने वाले से मिला। मैंने सबसे यही आग्रह किया कि वे तब तक और धैर्य रखें, जब तक कि मैं उनका कर्ज़ उतारने लायक कमा न लूँ। उनमें से ज़्यादातर मुझे देखकर ख़ुश हुए। हालाँकि कुछ ने मुझे खरी-खोटी सुनाई, परंतु बाक़ियों ने मेरी मदद करने का वचन दिया। उनमें से एक ने तो मेरी वह मदद की, जिसकी मुझे सख़्त ज़रूरत थी। वह मैथन नामक साहूकार था। जब उसे यह पता चला कि मैं सीरिया में ऊँटों की देखभाल करता था, तो उसने मुझे ऊँटों के व्यापारी नेबाटूर के पास भेज दिया। नेबाटूर को हमारे सम्राट ने एक महान अभियान के लिए अच्छे ऊँटों के बहुत से रेवड़ ख़रीदने का ठेका दिया था। उसके यहाँ मैंने अपने ऊँटों के ज्ञान का बहुत अच्छा उपयोग किया। धीरे-धीरे मैंने अपने ऊपर चढ़े ताँबे और चाँदी के एक-एक सिक्के का कर्ज़ उतार दिया। अब मैं एक बार फिर अपना सिर उठाकर जी सकता था और यह अनुभव कर सकता था कि मैं भी एक सम्मानित इंसान हूँ।"

एक बार फिर देबेज़िर अपने भोजन की ओर मुड़ा। उसने ज़ोर से चिल्लाकर कहा, ताकि उसकी आवाज़ रसोई तक सुनाई दे, "कासकोर, तुम बहुत ढीले हो। खाना ठंडा हो गया है। मेरे लिए गर्मागर्म माँस लेकर आओ। मेरे मित्र के बेटे तरक़ाद के लिए भी एक बड़ा टुकड़ा लेकर आना, क्योंकि वह भूखा है और मेरे साथ खाना खाएगा।"

इस तरह प्राचीन बैबिलॉन के ऊँटों के व्यापारी देबेज़िर की कहानी ख़त्म हुई। उसे अपनी अंतरात्मा की आवाज़ उस समय सुनाई दी, जब उसे एक महान सच्चाई का एहसास हुआ - एक ऐसी सच्चाई का, जिसे उससे पहले के सभी समझदार लोग जानते थे और उसका इस्तेमाल करते थे।

इसने हर युग के लोगों को मुश्किलों से बाहर निकाला है और सफलता की राह दिखाई है। जो बुद्धिमान लोग इसकी जादुई शक्ति को समझते हैं, उन्हें यह भविष्य में भी सफलता दिलाती रहेगी। इसका प्रयोग नीचे दिए गए शब्दों को पढ़ने वाला हर व्यक्ति कर सकता है :

जहाँ संकल्प होता है,
वहाँ राह निकल आती है।

✧ ✧ ✧

बैबिलॉन के मृदापत्र

सेंट स्विदिन्स कॉलेज

नॉटिंघम यूनिवर्सिटी

नेवार्क-ऑन-ट्रेंट

नॉटिंघम

21 अक्टूबर, 1934

प्रोफ़ेसर फ्रैंकलिन काल्डवेल,
केयर ऑफ़ ब्रिटिश साइंटिफ़िक एक्सपीडिशन,
हिल्ला, मेसोपोटामिया।

प्रिय प्रोफ़ेसर,

ध्वस्त बैबिलॉन के अवशेषों में हाल में हुई खुदाई में मिले जो पाँच मृदापत्र आपने भेजे हैं, वे आपके पत्र के साथ ही प्राप्त हुए। मैं उन्हें देखकर मंत्रमुग्ध रह गया। मैंने उनकी लिपि का

अपनी भाषा में अनुवाद करने में कई सुखद घंटे बिताए। मुझे आपके पत्र का तत्काल जवाब दे देना चाहिए था, परंतु मैंने जान-बूझकर देर की, क्योंकि मैं चाहता था कि अनुवाद का काम पूरा करने के बाद ही आपको पत्र लिखूँ।

मृदापत्र बिना किसी क्षति के सुरक्षित पहुँच गए थे, क्योंकि आपने उन्हें बहुत अच्छी तरह पैक किया था और उन पर सुरक्षित रखने वाले पदार्थों का छिड़काव कर दिया था।

इन मृदापत्रों की कहानी से आप भी उतने ही हैरान रह जाएँगे, जितने कि हम लोग प्रयोगशाला में हुए थे। अतीत की धुँधली छाया से हम रोमांस और रोमांच की उम्मीद करते हैं। "अरेबियन नाइट्स" की तरह की चीज़ें। परंतु इस कहानी में देबेज़िर नामक व्यक्ति अपनी कर्ज चुकाने की समस्या के बारे में बताता है। इन मृदापत्रों को पढ़कर हमें यह एहसास होता है कि हमारी दुनिया की परिस्थितियाँ पाँच हज़ार साल में उतनी ज़्यादा नहीं बदली हैं, जितना हम सोचते हैं।

यह अजीब है, परंतु इन पुराने मृदापत्रों के कारण मैं पशोपेश में पड़ गया हूँ। कॉलेज का प्रोफ़ेसर होने के नाते मुझे ज्ञानी माना जाता है, जिसे अधिकांश विषयों का ठीक-ठाक ज्ञान है। बहरहाल, इन मृदापत्रों में बैबिलॉन के खंडहरों में दफ़न एक आदमी कर्ज़ चुकाने और धन-संग्रह करने का ऐसा तरीक़ा सुझाता है, जो मैंने पहले कभी नहीं सुना।

मैं कहता हूँ कि यह बहुत सुखद विचार है। मेरी दिलचस्पी यह साबित करने में है कि प्राचीन बैबिलॉन का यह तरीक़ा क्या आज भी उतनी ही अच्छी तरह काम कर सकता है। मिसेज़ श्रूज़बेरी और मैं इस योजना पर अमल करने की योजना बना रहे हैं, ताकि हमारी आर्थिक परिस्थितियों में सुधार हो सके।

आपके सफल अभियान पर मैं आपको शुभकामनाएँ देता हूँ। मैं आपकी मदद करने के किसी और अवसर का उत्सुकता से इंतजार कर रहा हूँ।

आपका

अल्फ्रेड एच. श्रूज़बेरी,

पुरातत्व विभाग।

पहला मृदापत्र

आज पूर्णिमा है। मैं देबेज़िर हूँ। सीरिया में ग़ुलाम की ज़िंदगी बिताने के बाद मैं हाल ही में अपने शहर लौटा हूँ। मैंने संकल्प कर लिया है कि मैं अपने सारे कर्ज़ चुका दूँगा और बैबिलॉन के अपने पैतृक शहर में संपन्न बनकर दिखाऊँगा। मैं मृदापत्रों पर अपनी परिस्थितियों का स्थायी रिकॉर्ड लिखना चाहता हूँ, ताकि मुझे अपनी प्रबल इच्छा को पूरा करने में मार्गदर्शन और सहयोग मिल सके।

मेरे अच्छे मित्र साहूकार मैथन की समझदारीपूर्ण सलाह के अनुसार मैं एक निश्चित योजना पर चलने का संकल्प कर चुका हूँ। उसका कहना है कि यह योजना किसी भी व्यक्ति को कर्ज़ से मुक्ति दिला सकती है और उसे संपन्न तथा सम्मानित बना सकती है।

इस योजना के तीन उद्देश्य हैं, जिन्हें मैं चाहता हूँ और जिनकी मैं आशा करता हूँ।

पहला, यह योजना मेरी भावी समृद्धि सुनिश्चित करती है।

इसलिए मैं अपनी आमदनी का दसवाँ हिस्सा अपने लिए अलग रख दूँगा। क्योंकि मैथन ने समझदारीपूर्वक यह कहा था :

"जो व्यक्ति अपने पर्स में सोना और चाँदी रखता है, जिसे ख़र्च करने की उसे ज़रूरत नहीं है, वह अपने परिवार के प्रति प्रेमपूर्ण और

सम्राट के प्रति वफ़ादार होता है।"

"जिस व्यक्ति के पर्स में ताँबे के कुछ सिक्के ही होते हैं, वह अपने परिवार और सम्राट के प्रति उदासीन होता है।"

"परंतु जिस व्यक्ति के पर्स में कुछ नहीं होता है, वह अपने परिवार के प्रति निर्दयी और अपने सम्राट के प्रति दग़ाबाज़ होता है, क्योंकि उसका हृदय कटुता से भरा होता है।"

"इसलिए जो व्यक्ति सफल होना चाहता है, उसके पर्स में धन खनकना चाहिए, ताकि उसके हृदय में अपने परिवार के प्रति प्रेम और अपने सम्राट के प्रति वफ़ादारी हो।"

दूसरी बात, यह योजना सुनिश्चित करती है कि मैं अपनी अच्छी पत्नी के ख़र्च पूरे करूँगा और उसके लिए वस्त्र ख़रीदूँगा, क्योंकि वह वफ़ादारी के साथ अपने पिता के घर से मेरे पास लौटी है। मैथन ने कहा है कि वफ़ादार पत्नी की अच्छी देखभाल करने से मनुष्य के मन में आत्म-सम्मान पैदा होता है, उसके उद्देश्यों में शक्ति आती है और उसके संकल्प में वृद्धि होती है।

इसलिए मैं अपनी सत्तर प्रतिशत आमदनी का इस्तेमाल घर, कपड़े और भोजन पर करूँगा। इसके अलावा मैं इसी आमदनी में अपना सामान्य ख़र्च चलाऊँगा, ताकि हमारी ज़िंदगी में ख़ुशियों की कमी न रहे। परंतु मैथन ने इस बारे में सावधानी बरतने को कहा है कि हमें इन अच्छे उद्देश्यों के लिए अपनी सत्तर प्रतिशत आमदनी से अधिक का इस्तेमाल नहीं करना चाहिए। इसी में इस योजना की सफलता निहित है। मुझे सत्तर प्रतिशत आमदनी में ही गुज़ारा करना चाहिए और कभी इससे ज़्यादा का इस्तेमाल नहीं करना चाहिए, न ही मुझे कोई ऐसी चीज़ ख़रीदना चाहिए, जिसका भुगतान मैं अपनी आमदनी के इस हिस्से से न कर सकूँ।

दूसरा मृदापत्र

तीसरी बात, इस योजना में यह बताया गया है कि अपनी आमदनी में से मैं अपना कर्ज़ कैसे चुकाऊँ।

इसलिए हर पूर्णिमा के दिन मैं अपनी महीने भर की कमाई में से बीस प्रतिशत निकालकर उससे अपना कर्ज़ चुकाता हूँ। जिन लोगों ने मुझे कर्ज़ दिया है, उन्होंने मुझ पर भरोसा किया है, इसलिए मैं सम्मानपूर्वक उनमें बराबरी से अपनी बीस प्रतिशत आमदनी बाँट देता हूँ। इस तरह समय के साथ मेरा सारा कर्ज़ उतर जाएगा।

मैं यहाँ पर हर उस व्यक्ति का नाम लिख रहा हूँ, जिसका मैं कर्ज़दार हूँ। साथ ही मैं यह भी लिख रहा हूँ कि मैंने किस व्यक्ति से कितना कर्ज़ लिया है।

फेहरू, बुनकर, चाँदी के 2 सिक्के, ताँबे के 6 सिक्के।

सिंज़ार, फ़र्नीचर बनाने वाला, चाँदी का 1 सिक्का।

अहमर, मेरा मित्र, चाँदी के 3 सिक्के, ताँबे का 1 सिक्का।

जेंकार, मेरा मित्र, चाँदी के 4 सिक्के, ताँबे के 7 सिक्के।

अस्कामिर, मेरा मित्र, चाँदी का 1 सिक्का, ताँबे के 3 सिक्के।

हैरिनैज़िर, आभूषण बनाने वाला, चाँदी के 6 सिक्के, ताँबे के 2 सिक्के।

डायरबेकर, मेरे पिता के मित्र, चाँदी के 4 सिक्के, ताँबे का 1 सिक्का।

अल्काहद, मकान मालिक, चाँदी के 14 सिक्के।

मैथन, साहूकार, चाँदी के 9 सिक्के।

बीरेज़िक, किसान, चाँदी का 1 सिक्का, ताँबे के 7 सिक्के।

(यहाँ से मृदापत्र क्षतिग्रस्त था। पढ़ा नहीं जा सका।)

तीसरा मृदापत्र

इन कर्ज़दारों को मुझे कुल मिलाकर चाँदी के 119 सिक्के और ताँबे के 141 सिक्के चुकाना है। चूँकि मुझ पर इतना भारी कर्ज़ चढ़ा था और उसे चुकाने का मुझे कोई रास्ता नहीं सूझ रहा था, इसलिए मूर्खतावश मैंने अपनी पत्नी को मायके भेज दिया और अपने पैतृक शहर को छोड़कर आसान दौलत की तलाश में परदेस चला गया। बहरहाल, वहाँ पर मैं संकट में फँस गया और ग़ुलाम बन गया।

अब जब मैथन ने मुझे दिखा दिया है कि अपनी कम आमदनी के बावज़ूद मैं अपना कर्ज़ कैसे चुका सकता हूँ, तो मुझे यह एहसास होता है कि अपनी फ़िज़ूलख़र्ची के परिणामों से भागना मेरी बहुत बड़ी मूर्खता थी।

इसलिए मैं उन लोगों के पास गया, जिनसे मैंने कर्ज़ लिया था। मैंने उन्हें बताया कि मेरे पास कोई संपत्ति या जायदाद नहीं है, जिससे मैं उनका कर्ज़ चुका सकूँ। मैंने उनसे कहा कि मेरे पास सिर्फ़ कमाने की क्षमता है और मैं अपनी आमदनी का बीस प्रतिशत हिस्सा कर्ज़ चुकाने में लगाऊँगा। मैं पूरी ईमानदारी और बराबरी से अपने कर्ज़ चुकाऊँगा। मैं कर्ज़ चुकाने के लिए बीस प्रतिशत से ज़्यादा आमदनी का इस्तेमाल नहीं कर सकता हूँ। इसलिए अगर वे धैर्य रखें, तो समय के साथ मैं पूरा कर्ज़ उतार दूँगा।

अहमर को मैं अपना सबसे अच्छा मित्र समझता था, परंतु उसने मुझे बुरा-भला कहा और मेरा अपमान किया। बीरेज़िक नामक किसान ने मुझसे अनुरोध किया कि मैं सबसे पहले उसका कर्ज़ चुकाऊँ, क्योंकि उसे पैसे की बहुत ज़्यादा ज़रूरत है। यह योजना सुनकर मकान मालिक अल्काहद बहुत ग़ुस्सा हो गया और उसने साफ़ कह दिया कि अगर मैंने जल्दी से उसका कर्ज़ नहीं उतारा, तो परिणाम बहुत बुरा होगा।

बाक़ी सबने ख़ुशी-ख़ुशी मेरे प्रस्ताव को मान लिया। इसलिए अब मैं इस योजना पर अमल करने के लिए पहले से ज़्यादा संकल्पवान हूँ।

अब मुझे विश्वास हो चुका है कि कर्ज़ चुकाने से बचने के बजाय उन्हें चुकाना कहीं ज़्यादा आसान है। हालाँकि मैं अपने कुछ कर्ज़दाताओं की आवश्यकताओं और माँगों को पूरा नहीं कर पाऊँगा, परंतु मैं उन सबके साथ निष्पक्षता से व्यवहार करूँगा।

चौथा मृदापत्र

एक बार फिर पूर्णिमा है। मैंने कड़ी मेहनत की है। मेरी अच्छी पत्नी ने कर्ज़ उतारने के मेरे इरादों में मेरा पूरा साथ दिया है। हमारे बुद्धिमत्तापूर्ण संकल्प के कारण इस महीने मैंने नेबाटूर के लिए मज़बूत देह और अच्छे पैरों वाले ऊँट ख़रीदे, जिसके एवज में मुझे चाँदी के 19 सिक्कों की आमदनी हुई।

इस आमदनी को मैंने योजना के अनुसार बाँट दिया। इसका दस प्रतिशत मैंने अपने लिए अलग रख लिया। इसका सत्तर प्रतिशत मैंने जीवन-यापन के लिए अलग रख लिया। और इसका बीस प्रतिशत मैंने अपने कर्ज़दाताओं में बराबरी से बाँट दिया।

मैं जब अहमर के घर गया, तो वह नहीं मिला, परंतु मैं वह राशि उसकी पत्नी को दे आया। बीरेज़िक तो इतना ख़ुश हुआ कि उसने मेरा हाथ चूम लिया। सिर्फ़ बूढ़ा अल्काहद ही बड़बड़ाया और बोला कि मुझे अपना कर्ज़ ज़्यादा जल्दी चुकाना चाहिए। इस पर मैंने जवाब दिया कि अगर मैं ठीक से खाऊँगा और चिंता नहीं करूँगा, तभी मैं ज़्यादा तेज़ी से कर्ज़ चुका पाऊँगा। बाक़ी सबने मुझे धन्यवाद दिया और मेरे प्रयासों की सराहना की।

इस तरह एक महीने में मैंने चाँदी के 4 सिक्कों का कर्ज़ उतार दिया। इसके अलावा मैं चाँदी के 2 सिक्कों का स्वामी भी बन गया हूँ, जिन पर किसी व्यक्ति का कोई हक़ नहीं है। मैं ख़ुश हूँ और मैं बहुत लंबे समय बाद ख़ुश हुआ हूँ।

एक बार फिर पूर्णिमा आ गई है। कड़ी मेहनत के बावज़ूद इस महीने मुझे ज़्यादा सफलता नहीं मिली। मैं बहुत कम ऊँट ख़रीद पाया। मैं चाँदी के सिर्फ़ 11 सिक्के ही कमा पाया। बहरहाल मेरी अच्छी पत्नी और मैं योजना के अनुरूप चले। हमने एक भी नया वस्त्र नहीं ख़रीदा और सिर्फ़ सब्ज़ियाँ खाकर गुज़ारा किया। एक बार फिर मैंने अपनी आमदनी का दस प्रतिशत ख़ुद के लिए अलग रख लिया और सत्तर प्रतिशत से अपना ख़र्च चलाया। मैं हैरान रह गया, जब अहमर ने कर्ज़ चुकाने के लिए मेरी तारीफ़ की, हालाँकि जो रक़म मैं चुका रहा था, वह छोटी थी। बीरेज़िक ने भी ऐसा ही किया। अल्काहद आग-बबूला हो गया, परंतु जब मैंने उससे कहा कि अगर वह इस रक़म को नहीं लेना चाहता तो वापस कर दे, तो वह ठंडा पड़ गया। पहले की तरह बाक़ी सभी लोग संतुष्ट हुए।

एक बार फिर पूर्णिमा आ गई है और मैं बहुत ख़ुश हूँ। इस बार मुझे ऊँटों का बहुत अच्छा रेवड़ मिल गया और मैंने कई बेहतरीन ऊँट ख़रीद लिए, जिस वजह से मुझे चाँदी के 42 सिक्कों की आमदनी हुई। इस पूर्णिमा को मेरी पत्नी और मैंने जूते तथा कपड़े ख़रीदे, जिनकी हमें बहुत ज़रूरत थी। इसके अलावा, हमने गोश्त और मुर्गा खाकर जश्न मनाया।

हमने चाँदी के 8 सिक्कों से ज़्यादा का कर्ज़ उतार दिया। अल्काहाद तक ने कोई उल्टी बात नहीं की।

वह योजना महान है, जो हमें कर्ज़ से बाहर निकालती है और बचत कराती है।

तीन महीने बाद मैं एक बार फिर लिख रहा हूँ। हर बार मैंने अपनी आमदनी का दस प्रतिशत हिस्सा अलग बचाकर रखा। मैंने और मेरी अच्छी पत्नी ने हर बार सत्तर प्रतिशत आमदनी में अपना ख़र्च चलाया, हालाँकि कई बार ऐसा करने में काफ़ी मुश्किलें आईं। हर बार मैंने अपनी बीस प्रतिशत आमदनी से अपने कर्ज़दाताओं का कर्ज़ चुकाया।

मेरे पर्स में अब चाँदी के 21 सिक्के हैं, जो सिर्फ़ मेरे हैं। इससे मेरा सिर तन जाता है और मैं अपने दोस्तों के बीच गर्व के साथ उठ-बैठ सकता हूँ।

मेरी पत्नी घर को बहुत अच्छी तरह से सँभालती है और अच्छे कपड़े पहनती है। हम साथ-साथ रहकर ख़ुश हैं।

यह योजना अनमोल है। इसने एक पूर्व ग़ुलाम को सम्मानित व्यक्ति में बदल दिया है।

पाँचवाँ मृदापत्र

एक बार फिर पूर्णिमा है। मैं जानता हूँ कि मैंने बहुत समय से कुछ नहीं लिखा है। दरअसल बारह महीने गुज़र चुके हैं। बहरहाल, आज मैं अपना रिकॉर्ड लिखने से नहीं चूकूँगा, क्योंकि आज मैंने अपना आख़िरी कर्ज़ चुका दिया है। आज के दिन मैंने और मेरी पत्नी ने जश्न मनाया, क्योंकि हमारा संकल्प पूरा हो गया है।

जब मैं अपने कर्ज़दाताओं से आख़िरी बार मिला, तो ऐसी कई बातें हुईं, जिन्हें मैं हमेशा याद रखूँगा। अहमर ने अपने कठोर शब्दों के लिए मुझसे माफ़ी माँगी और कहा कि वह चाहेगा कि हमारी दोस्ती हमेशा क़ायम रहे।

बूढ़ा अल्काहद भी आख़िर इतना बुरा नहीं था, क्योंकि उसने कहा, “तुम कभी नर्म मिट्टी की तरह नाज़ुक थे, जिसे कोई भी छूकर दबा सकता था और मनचाहे आकार में ढाल सकता था, परंतु अब तुम काँसे के टुकड़े की तरह हो, जो किसी का भी मुक़ाबला कर सकता है। अगर तुम्हें कभी चाँदी या सोने की ज़रूरत पड़े, तो बेहिचक मेरे पास चले आना।”

बाक़ी लोगों ने भी मुझसे सम्मानपूर्वक बात की। मेरी अच्छी पत्नी ने मुझे इतने गर्व से देखा कि किसी भी आदमी में आत्मविश्वास आ जाएगा।

बहरहाल, मुझे सफलता अपनी योजना की बदौलत मिली। इस योजना ने ही मुझे इस क़ाबिल बनाया कि मैं अपना सारा कर्ज़ चुका दूँ और मेरे पर्स में सोना-चाँदी जमा होता रहे। मैं सफलता चाहने वाले हर आदमी को यह सलाह दूँगा कि वह इस योजना पर चले। जब इसकी बदौलत एक पूर्व ग़ुलाम अपने कर्ज़ चुका सकता है और अपने पर्स में सोना इकट्ठा कर सकता है, तो इस पर अमल करके कोई भी व्यक्ति ऐसा कर सकता है। मैं अब भी इस योजना पर चल रहा हूँ, क्योंकि मुझे विश्वास है कि अगर मैं इस पर अमल करता रहूँगा, तो मैं जल्दी ही अमीर बन जाऊँगा।

सेंट स्विदिन्स कॉलेज

नॉटिंघम यूनिवर्सिटी

नेवार्क-ऑन-ट्रेंट

नॉटिंघम

7 नवंबर, 1936

प्रोफ़ेसर फ़्रैंकलिन काल्डवेल,
केयर ऑफ़ ब्रिटिश साइंटिफ़िक एक्सपीडिशन,
हिल्ला, मेसोपोटामिया।

प्रिय प्रोफ़ेसर,

अगर बैबिलॉन के अवशेषों में खुदाई करते समय आपको वहाँ के ऊँटों के व्यापारी देबेज़िर का भूत मिले, तो मुझ पर एक मेहरबानी करें। उसे बता दें कि उसने मृदापत्रों पर बहुत समय पहले जो लिखा था, उसके लिए इंग्लैंड के दो प्रोफ़ेसर आजीवन उसके आभारी रहेंगे।

आपको शायद याद होगा, एक साल पहले मैंने लिखा था

कि मिसेज श्रूज़बेरी और मैं कर्ज़ से बाहर निकलने की इस योजना पर अमल करने वाले हैं और साथ ही अपने पर्स में धन खनकने की आवाज़ भी सुनना चाहते हैं। शायद आपने अनुमान लगा लिया होगा कि हमारी आर्थिक स्थिति ख़राब थी, हालाँकि हम इसे अपने दोस्तों से छुपाने की कोशिश कर रहे थे।

हम कई सालों से अपमान भरा जीवन जी रहे थे, क्योंकि हमारे सिर पर पुराने कर्ज़ों का पहाड़ था और नए कर्ज़ चढ़ते जा रहे थे। हम दहशत में थे कि कहीं व्यापारी लोग कोई फ़साद न खड़ा कर दें, जिसकी वजह से मुझे कॉलेज से निकाल दिया जाए। ऐसा नहीं है कि हम कर्ज़ चुकाने की कोशिश नहीं कर रहे थे। अपनी आमदनी में से हम जितना भी बचा सकते थे, उतना बचाने की कोशिश करते थे। परंतु आमदनी में अपना ख़र्च चलाना भी मुश्किल पड़ रहा था। इसके अलावा हमें मजबूरन उन जगहों से सामान ख़रीदना पड़ता था, जहाँ हमें उधार मिल सके, भले ही वहाँ हमें महँगे दामों पर सामान मिलता था।

इससे एक दुष्चक्र शुरू हो गया, जिससे चीज़ें बेहतर बनने के बजाय बदतर बनती चली गईं। हमारी स्थिति निराशाजनक होती जा रही थी। हम कम किराए वाले मकान में नहीं जा सकते थे, क्योंकि हम पर मकान मालिक का कर्ज़ चढ़ा हुआ था। ऐसा लगता था कि हम स्थिति को सुधारने के लिए कुछ नहीं कर सकते थे।

फिर आपके बैबिलॉन के ऊँटों के व्यापारी ने हमें एक ऐसी योजना सुझाई, जिस पर अमल करके हम अपनी मनचाही चीज़ हासिल कर सकते थे। उसने हमें अपनी योजना पर अमल करने के लिए प्रेरित किया। उसकी ही तरह हमने भी अपने सारे कर्ज़ों की सूची बनाई और मैंने वह सूची अपने सभी कर्ज़दाताओं को दिखाई।

मैंने उन्हें यह स्पष्ट बता दिया कि वर्तमान स्थिति में मैं उनका कर्ज़ तत्काल नहीं चुका सकता हूँ। आँकड़ों को देखकर वे यह बात खुद ही समझ सकते थे। फिर मैंने उन्हें बताया कि पूरा कर्ज़ चुकाने का इकलौता रास्ता यही था कि मैं हर महीने अपनी बीस प्रतिशत आमदनी सभी कर्ज़दाताओं में बराबरी से बाँट दूँ। इस तरह से मैं लगभग दो साल में सारे कर्ज़ उतार दूँगा। इस दौरान हम अपना सारा सामान नक़द ख़रीदेंगे, जिससे उन्हें अतिरिक्त लाभ होगा।

कर्ज़दाता सचमुच बहुत सज्जन थे। हमें सब्ज़ी देने वाला बूढ़ा आदमी समझदार था। उसने एक ऐसी बात कही, जिसके द्वारा मुझे दूसरों को समझाने में आसानी हुई। उसने कहा, अगर आप आगे से सारा सामान नक़द ख़रीदेंगे, और अपने कर्ज़ का कुछ हिस्सा भी चुकाएँगे, तो यह उससे बेहतर रहेगा जो आपने आज तक किया है। आपने तीन साल से मुझे एक पैसा भी नहीं दिया है।

अंत में मैंने उन सबसे यह अनुबंध करवा लिया कि जब तक मैं नियमित रूप से अपनी बीस प्रतिशत आमदनी से उनके कर्ज़ चुकाता रहूँगा, तब तक वे मुझे किसी प्रकार से तंग नहीं करेंगे। फिर हमने सत्तर प्रतिशत आमदनी में गुज़ारा करने की योजना बनाई। हम अपनी दस प्रतिशत आमदनी बचाने के लिए संकल्पवान थे। चाँदी और संभवतः सोने के सिक्के बचाने का विचार बहुत आकर्षक था।

ख़ुद को बदलने में हमें रोमांच का अनुभव हुआ। अपनी सत्तर प्रतिशत आमदनी में आराम से ख़र्च चलाने के तरीक़े खोजने में हमें बहुत मज़ा आया। हमने यह काम मकान के किराए से शुरू किया और हम मकान का किराया कम करवाने में कामयाब हो गए। फिर हमने इस तरफ़ ध्यान दिया कि हम कितना महँगा सामान ख़रीदते हैं। हमें यह जानकर ख़ुशी और हैरानी हुई कि ज़्यादातर

मामलों में हमें अच्छा सामान कम क़ीमत पर मिल सकता है।

यह इतनी लंबी कहानी है कि एक पत्र में पूरी नहीं हो सकती। संक्षेप में, इसमें हमें ज़्यादा कठिनाई नहीं हुई और हमने ख़ुशी-ख़ुशी यह काम कर दिया। अपनी आर्थिक समस्याओं को इस तरह सुलझाने से हमें बहुत राहत मिली और अब हम पुराने कर्ज़ के कारण आतंकित नहीं थे।

बहरहाल, मैं आपको उस दस प्रतिशत आमदनी के बारे में बताना नहीं भूलूँगा, जिसे हमने खनकाने के लिए अलग रखा था। हमने कुछ समय तक तो अपनी जमापूँजी को देखने का आनंद लिया। कृपया यह सुनकर हँसने न लगें। देखिए, यही असली बात है। असली आनंद इसी में है कि आप धन बचाना शुरू कर दें, जिसे आप ख़र्च नहीं करना चाहते। धन ख़र्च करने के बजाय उसे इकट्ठा करने में ज़्यादा आनंद मिलता है।

जब हमने मन भरकर धन खनकाने का आनंद ले लिया, तो हमने इसका एक ज़्यादा लाभकारी प्रयोग खोज लिया। हमने एक ऐसी जगह पर इसका निवेश कर दिया, जहाँ हमें इससे हर महीने दस प्रतिशत ब्याज मिलने लगा। यह हमारे परिवर्तन का सबसे संतोषजनक हिस्सा साबित हो रहा है। अपनी आमदनी में से हम सबसे पहले इसी दस प्रतिशत हिस्से का भुगतान करते हैं।

हमें यह जानकर सुरक्षा का बहुत ही संतोषजनक एहसास होता है कि हमारा निवेश नियमित रूप से बढ़ रहा है। हमारे रिटायरमेंट तक हमारे बचत ख़ाते में काफ़ी धनराशि इकट्ठी हो जाएगी। यह धनराशि इतनी ज़्यादा होगी कि इससे बाद में हमारे ख़र्च पूरे होते रहेंगे।

मज़े की बात यह है कि यह सब मेरी पुरानी आमदनी में ही संभव हुआ है। हालाँकि इस बात पर यक़ीन करना मुश्किल है,

परंतु यह बिलकुल सच है। हम धीरे-धीरे अपने सारे कर्ज़ चुका रहे हैं। इसके अलावा हमारा निवेश बढ़ रहा है और हमारी आर्थिक स्थिति पहले से बेहतर है। कौन विश्वास कर सकता है कि बिना योजना के ख़र्च करने के बजाय किसी आर्थिक योजना पर चलने की वजह से परिणामों में इतना अंतर आ सकता है?

अगले साल के अंत तक हमारे सारे कर्ज़ उतर जाएँगे। तब हम ज़्यादा धनराशि का निवेश करने की स्थिति में होंगे। इसके अलावा हमारे पास इतना धन होगा कि हम बाहर घूमने-फिरने जा सकें। बहरहाल, हमने संकल्प कर लिया है कि हम किसी भी स्थिति में अपने जीवन-यापन के ख़र्च को अपनी सत्तर प्रतिशत आमदनी से ज़्यादा नहीं होने देंगे।

अब आप समझ सकते हैं कि हम बैबिलॉन के उस आदमी को व्यक्तिगत रूप से धन्यवाद क्यों देना चाहते हैं, जिसकी योजना ने हमें ''धरती पर नारकीय जीवन'' से बचाया है। उसके पास ज्ञान था, क्योंकि वह इन स्थितियों से गुज़र चुका था। वह चाहता था कि उसके कटु अनुभवों से दूसरों को लाभ मिले। इसीलिए उसने अपना संदेश लिखने में इतने घंटों की मेहनत की।

अपनी ही तरह कष्ट उठाने वाले लोगों के लिए उसके पास एक सच्चा संदेश था। यह संदेश इतना महत्वपूर्ण था कि पाँच हज़ार साल बाद यह बैबिलॉन के अवशेषों से बाहर निकला और आज भी यह उतना ही सच्चा तथा प्रभावी है, जितना यह प्राचीन बैबिलॉन में था।

आपका

अल्फ्रेड एच. श्रूज़बेरी,
पुरातत्व विभाग

✧ ✧ ✧

बैबिलॉन का सबसे ख़ुशक़िस्मत आदमी

बैबिलॉन का समृद्ध व्यापारी शारू नादा अपने कारवाँ में सबसे आगे चल रहा था। उसे अच्छे वस्त्र पसंद थे, इसलिए वह बेहतरीन वस्त्र पहनता था। उसे अच्छे जानवर पसंद थे और वह बहुत तेज़ भागने वाले अरबी घोड़े पर सवारी करता था। उसे देखकर कोई उसके बुढ़ापे का अंदाज़ा नहीं लगा सकता था। निश्चित रूप से लोगों को यह शक नहीं हुआ होता कि अंदर से वह परेशान है।

दमिश्क से वापस लौटने की यात्रा लंबी है और इसमें रेगिस्तानों की कई मुश्किलों का सामना करना पड़ता है। बहरहाल, शारू नादा को ख़ास मुश्किलों का सामना नहीं करना पड़ता है। खूँख़ार अरब जनजातियाँ कारवाँओं को लूटने की फिराक में रहती हैं, परंतु उसे इस बात का कोई डर नहीं था, क्योंकि उसके पास घुड़सवार रक्षकों का समूह था, जो कारवाँ की रक्षा करने के लिए पर्याप्त था।

शारू नादा के साथ एक युवक चल रहा था, जिसे वह दमिश्क से ला रहा था। उसी की वजह से शारू नादा परेशान था। उस युवक का नाम हादान ग़ुला था, जो उसके पुराने पार्टनर अरद ग़ुला का पोता था। वह अरद ग़ुला का इतना कृतज्ञ था कि उसके कर्ज़ को कभी नहीं उतार सकता था। वह अरद ग़ुला के पोते के लिए कुछ करना चाहता था, परंतु उसने इस बारे में जितना सोचा, यह काम उसे उतना ही मुश्किल लगा। सबसे बड़ी मुश्किल वह युवक स्वयं था।

उस युवक ने हाथों में अँगूठियाँ और कान में छल्ले पहन रखे थे। यह देखकर शारू नादा ने सोचा, "वह सोचता है कि आभूषण मर्दों के लिए होते हैं, परंतु उसके पास अपने दादा का संकल्पवान चेहरा भी है। उसके दादा ने इस तरह के भड़कीले वस्त्र कभी नहीं पहने। बहरहाल, मैं चाहता था कि वह मेरे साथ आए, क्योंकि मुझे आशा थी कि वह कोई ढंग का काम शुरू करे और अपने पिता से दूर रहे, जिन्होंने विरासत में मिले धन को गँवा दिया था।"

हादान ग़ुला ने उसके विचारों में बाधा डाली, "आप इतनी कड़ी मेहनत क्यों करते हैं? अपने कारवाँ के साथ लंबी यात्राओं पर क्यों जाते हैं? आप कभी ज़िंदगी का आनंद लेने के लिए समय क्यों नहीं निकालते?"

शारू नादा मुस्कराया, "ज़िंदगी का आनंद? ...अगर तुम शारू नादा की जगह होते, तो तुम ज़िंदगी का आनंद लेने के लिए क्या करते?"

"अगर मेरे पास आपके जितनी दौलत होती, तो मैं राजकुमार की तरह रहता। मैं कभी गर्म रेगिस्तानों की यात्रा नहीं करता। धन मेरे पर्स में जितनी तेज़ी से आता, मैं उसे उतनी ही तेज़ी से उड़ा डालता। मैं सबसे महँगे कपड़े और सबसे दुर्लभ रत्न पहनता। मैं इसी तरह की ज़िंदगी जीता, क्योंकि इसी तरह जीने में तो आनंद है।" दोनों ही हँसे।

शारू नादा के मुँह से बरबस निकल गया, "तुम्हारे दादाजी आभूषण नहीं पहनते थे।" फिर उसने कुछ सोचकर मज़ाक़ में कहा, "क्या तुम

कभी काम नहीं करते ?"

हादान ग़ुला ने जवाब दिया, "काम तो नौकर करते हैं।"

शारू नादा ने अपने होंठ काट लिए, परंतु कोई जवाब नहीं दिया। वे ख़ामोशी से सवारी करते रहे, जब तक कि पगडंडी उन्हें ढाल पर नहीं ले आई। यहाँ उसने अपने घोड़े की रास खींची और दूर दिखने वाली हरी घाटी की तरफ़ इशारा करते हुए कहा, "वह रही घाटी। और नीचे देखो, वहाँ पर तुम्हें बैबिलॉन की दीवारें धुँधली-धुँधली दिख सकती हैं। वह मीनार बेल का मंदिर है। अगर तुम्हारी आँखें तेज़ हैं, तो तुम इसके ऊपर अमर ज्योति का धुँआ भी देख सकते हो।"

हादान ग़ुला बोला, "तो बैबिलॉन यह है ? मैं हमेशा दुनिया के सबसे दौलतमंद शहर को देखना चाहता था। बैबिलॉन, जहाँ मेरे दादाजी ने दौलत कमाई थी। काश वे अब भी ज़िंदा होते! अगर वे ज़िंदा होते, तो हमारी आर्थिक हालत इतनी ख़राब नहीं होती।"

"तुम यह क्यों चाहते हो कि वे इस धरती पर अपने निर्धारित समय से ज़्यादा रहते ? तुम और तुम्हारे पिता भी तो उनके पदचिन्हों पर चल सकते हो।"

"परंतु हम दोनों में ही उनके जितनी प्रतिभा नहीं है। पिताजी और मैं दोनों ही धन को आकर्षित करने का रहस्य नहीं जानते हैं।"

शारू नादा ने कोई जवाब नहीं दिया, पर अपने घोड़े की रास ढीली छोड़ दी। फिर वह कुछ सोचता हुआ घाटी की पगडंडी से उतरने लगा। उनके पीछे कारवाँ लाल धूल का बादल उड़ाता आ रहा था। कुछ समय बाद वे राजमार्ग पर पहुँच गए और सिंचित खेतों में से होते हुए दक्षिण दिशा में मुड़ गए।

तीन बूढ़े किसान एक खेत की जुताई कर रहे थे। शारू नादा का ध्यान उनकी तरफ़ गया। वे उसे जाने-पहचाने लगे। कितनी अजीब बात है कि चालीस साल बाद आप किसी खेत से गुज़रें, और आपको वही लोग वहीं पर खुदाई करते मिलें। बहरहाल, उसके दिल ने कहा कि वे वही थे।

उनमें से एक हल को कमज़ोरी से पकड़े था। बाक़ी बैलों के पास चल रहे थे और उन्हें कोंच रहे थे, ताकि वे ढंग से काम करें।

चालीस साल पहले उसे इन लोगों से ईर्ष्या होती थी! उस समय इनकी ज़िंदगी से अपनी ज़िंदगी की अदला-बदली करने में उसे कितनी ख़ुशी हुई होती! परंतु अब कितना फ़र्क़ था! उसने गर्व से अपने पीछे आते कारवाँ, बेहतरीन ऊँटों और गधों को देखा, जिन पर दमिश्क के क़ीमती सामान का ऊँचा ढेर लदा हुआ था। यह सब उसका था और यह उसकी दौलत का सिर्फ़ एक हिस्सा था।

उसने जुताई करने वालों की तरफ़ इशारा करते हुए कहा, "ये लोग चालीस साल पहले जहाँ थे, अब भी वहीं पर हैं। वे अब भी उसी खेत को जोत रहे हैं।"

"ऐसा लगता तो है, परंतु आप ऐसा क्यों सोचते हैं कि ये वही लोग हैं?"

शारू नादा ने जवाब दिया, "मैंने उन्हें पहले भी यहीं पर देखा है।"

उसके दिमाग़ में यादें सरपट भाग रही थीं। वह अतीत को दफ़न क्यों नहीं कर सकता? वह वर्तमान में क्यों नहीं रह सकता? फिर उसके दिमाग़ में अरद ग़ुला के मुस्कराते चेहरे की तस्वीर कौंध गई। उसके और युवक के बीच का अवरोध तत्काल ग़ायब हो गया।

परंतु वह इस अभिमानी युवक की मदद कैसे कर सकता है, जिसके दिमाग़ में फ़िज़ूलख़र्ची के विचार भरे थे और जिसके हाथों में रत्न थे? काम करने के इच्छुक लोगों के लिए उसके पास बहुत काम था, परंतु उन लोगों के लिए उसके पास कोई काम नहीं था, जो काम करने को हेय दृष्टि से देखते हों और ख़ुद को श्रेष्ठ मानते हों। बहरहाल, वह अरद ग़ुला का इतना आभारी था कि उसे कुछ न कुछ तो करना ही था। उसे पूरी कोशिश करना ही थी। उसने और अरद ग़ुला ने कभी आधी-अधूरी कोशिश नहीं की थी। वे ऐसे लोग नहीं थे।

उसके दिमाग़ में तत्काल एक योजना कौंध गई। फिर आपत्तियाँ

आईं। उसे अपने परिवार और अपनी प्रतिष्ठा का ख़्याल आया। उसने सोचा कि इस योजना पर अमल करने से उसकी प्रतिष्ठा पर आँच आ सकती है। परंतु तत्काल निर्णय लेने की आदत के कारण उसने इस आपत्ति को दरकिनार कर दिया और कर्म करने का फ़ैसला किया।

उसने सवाल पूछा, "क्या तुम यह जानना चाहते हो कि तुम्हारे योग्य दादाजी और मैं पार्टनर कैसे बने, जिस वजह से हम दोनों ही दौलतमंद बन गए?"

युवक ने उतावलेपन से कहा, "इसके बजाय आप मुझे सीधे-सीधे यह क्यों नहीं बता देते कि आपने धन कैसे कमाया? मैं बस इतना ही जानना चाहता हूँ!"

शारू नादा ने उसकी बात को नज़रअंदाज़ करते हुए आगे कहा, "हम इन जुताई करने वाले लोगों से शुरू करते हैं। तब मैं तुम्हारी ही उम्र का था। मेरे साथ मेगिडो नाम का किसान था। इन लोगों को जुताई करते देखकर उसने नाक-भौं सिकोड़ी थी और कहा था कि वे लापरवाही से खेत जोत रहे थे। मेगिडो मेरे पास ही जंज़ीर से बँधा था। उसने कहा, 'इन आलसी लोगों को देखो। हल पकड़ने वाला गहराई से जोतने की कोशिश नहीं कर रहा है। बैलों को साधने वाले बैलों को सही मार्ग पर नहीं रख पा रहे हैं। इतनी ख़राब जुताई के बाद वे अच्छी फ़सल उगाने की उम्मीद कैसे कर सकते हैं?'"

हादान ग़ुला ने हैरानी से पूछा, "आप और मेगिडो जंज़ीर से बँधे थे?"

"हाँ, हमारी गर्दन पर काँसे के पट्टे थे और हमारे बीच में भारी जंज़ीर थी। उसके पास में ही भेड़ों का चोर ज़ैबेदो था, जिससे मैं पहले हारून में मिला था। सबसे अंत में जो व्यक्ति था, उसे हम समुद्री डाकू कहते थे, क्योंकि उसने हमें अपना नाम नहीं बताया था। हमारे ख़्याल से वह जहाज़ी था, क्योंकि जहाज़ियों की तरह ही उसके सीने पर भी दो साँप गुदे हुए थे। जंज़ीरें इस तरह से बँधी थीं, ताकि चार लोग एक साथ चल

सकें।"

"आप ग़ुलाम की तरह जंजीरों में जकड़े थे?" हादान ग़ुला ने हैरानी से पूछा।

"क्या तुम्हारे दादाजी ने तुम्हें कभी नहीं बताया कि मैं कभी ग़ुलाम था?"

"वे अक्सर आपके बारे में बातें करते थे, परंतु उन्होंने कभी इस बात की ओर संकेत नहीं किया।"

"वे ऐसे इंसान थे, जिन्हें सबसे गहरे रहस्य पूरे विश्वास के साथ बताए जा सकते थे। मैं तुम पर भी भरोसा कर सकता हूँ, है ना?" शारू नादा ने उसकी आँखों में झाँकते हुए कहा।

"आप मुझ पर भरोसा कर सकते हैं कि मैं चुप रहूँगा। परंतु मैं हैरान हूँ। मुझे बताएँ कि आप ग़ुलाम कैसे बने?"

शारू नादा ने अपने कंधे उचकाए, "कोई भी आदमी कभी भी ग़ुलाम बन सकता है। जुए और शराब के कारण मुझ पर यह संकट आया था। मैं अपने भाई की ग़लतियों का शिकार हुआ था। एक झगड़े में उसने अपने मित्र को मार डाला। मेरे पिता यह नहीं चाहते थे कि मेरे भाई पर क़ानून के मुताबिक़ मुकदमा चले, इसलिए उन्होंने मुझे [illegible]क बनाकर मृत व्यक्ति की विधवा के हवाले कर दिया। जब मेरे पिता मुझे मुक्त कराने के लिए पर्याप्त धन नहीं जुटा पाए, तो उस विधवा ने ग़ुस्से में आकर मुझे ग़ुलामों के व्यापारी के हाथों बेच दिया।"

हादान ग़ुला ने कहा, "कितनी शर्म और अन्याय की बात है! परंतु मुझे बताएँ, आप दुबारा कैसे स्वतंत्र हुए?"

हम उस मुद्दे पर बाद में आएँगे। अभी हम इस कहानी को आगे बढ़ाते हैं। हमारे वहाँ से निकलते समय खेत जोतने वालों ने हमारी खिल्ली उड़ाई। एक ने अपना फटेहाल टोप उठाकर और सिर झुकाकर हमारा अभिवादन किया और कहा, 'सम्राट के अतिथियों, बैबिलॉन में

आपका स्वागत है। वे शहर की दीवारों पर आपका इंतज़ार कर रहे हैं, जहाँ पर दावत का आयोजन किया गया है। दावत में मिट्टी की ईंटें और प्याज का सूप है।' इसके साथ ही वे ज़ोर से हँस पड़े।

"समुद्री डाकू यह सुनते ही आपे से बाहर हो गया और उन्हें गालियाँ देने लगा। मैंने उससे पूछा, 'इन लोगों ने यह क्यों कहा कि सम्राट दीवारों पर हमारा इंतज़ार कर रहे हैं?'"

वह बोला, "शहर की दीवारों तक ईंट ढोने वाले अपनी कमर टूटने तक ईंट ढोते रहते हैं। यह भी संभव है कि कमर टूटने से पहले ही सैनिक पिटाई करके उनकी जान ले लें। पर वे मेरी पिटाई नहीं कर पाएँगे। मैं उन्हें जान से मार दूँगा।"

फिर मेगिडो बोला, ''मालिक अपने इच्छुक और मेहनती सेवकों की पिटाई करके उनकी जान क्यों लेंगे? मालिक अच्छे ग़ुलामों को पसंद करते हैं और उनके साथ अच्छा व्यवहार करते हैं।"

ज़ैबेदो ने टिप्पणी की, "मेहनत कौन करना चाहता है? ये खेत जोतने वाले समझदार हैं। ये अपनी कमर नहीं तोड़ रहे हैं। ये सिर्फ़ काम चला रहे हैं।"

मेगिडो ने विरोध करते हुए कहा, "आप काम टालकर प्रगति नहीं कर सकते। अगर आप दिन में एक हेक्टेयर खेत जोतते हैं, तो यह बहुत अच्छा काम है और हर मालिक यह बात जानता है। परंतु अगर आप एक दिन में सिर्फ़ आधा हेक्टेयर जोतते हैं, तो यह काम को टालना है। मैं काम नहीं टालता। मुझे काम करना पसंद है और मुझे अच्छी तरह से काम करना पसंद है, क्योंकि मैंने पाया है कि काम इंसान का सबसे अच्छा मित्र होता है। इसी की बदौलत मुझे अपनी सारी अच्छी चीज़ें मिली हैं - मेरा खेत, मवेशी और फ़सल, सब कुछ।"

ज़ैबेदो ने ताना मारते हुए कहा, "अच्छा! और इस समय वे सारी चीज़ें कहाँ हैं? मुझे लगता है कि आदमी को चालाक बनना चाहिए और बिना मेहनत किए आगे बढ़ना चाहिए। यही बेहतर नीति है। तुम देखना,

अगर हमें दीवारों पर काम करने के लिए बेच दिया जाएगा, तो मैं पानी का थैला उठाऊँगा या ऐसा ही कोई आसान काम करूँगा, जबकि तुम, जो काम करना पसंद करते हो, ईंटें ढोकर अपनी कमर तोड़ लोगे।" वह मूर्खतापूर्ण अंदाज़ में हँसा।

उस पूरी रात मैं दहशत में रहा। मैं सो नहीं पाया। मैं गार्ड की रस्सी के क़रीब खिसक आया। जब बाक़ी लोग सो गए, तो मैंने पहरा देने वाले गार्ड गोडोसो का ध्यान आकर्षित किया। वह उन लुटेरे अरबवासियों में से था, जो आपका पर्स लूटते समय यह सोचते थे कि उन्हें आपका गला भी काट देना चाहिए।

मैंने फुसफुसाकर पूछा, "गोडोसो, मुझे बताओ, जब हम बैबिलॉन पहुँचेंगे, तो क्या हमें दीवारों के काम में लगाने के लिए बेचा जाएगा?"

उसने सावधानी से पूछा, "तुम क्यों जानना चाहते हो?"

मैं गिड़गिड़ाया, "क्या तुम्हें समझ में नहीं आता है? मैं जवान हूँ। मैं ज़िंदा रहना चाहता हूँ। मैं दीवारों पर काम करते हुए नहीं मरना चाहता। मैं पिटाई से नहीं मरना चाहता। क्या अच्छा मालिक मिलने की कोई संभावना है?"

उसने धीमे से कहा, "मैं बताता हूँ। गोडोसो को कोई दिक्क़त मत दो। अक्सर हम सबसे पहले ग़ुलामों के बाज़ार में जाते हैं। अब ध्यान से सुनो। जब ख़रीदार आएँ, तो उनसे कहो कि तुम अच्छे मेहनती आदमी हो और तुम अच्छे मालिक के लिए कड़ी मेहनत करोगे। पूरी कोशिश करो, ताकि ख़रीदार तुम्हें ख़रीद लें। अगर तुम इसमें कामयाब नहीं हो पाए, तो अगले दिन तुम ईंटें उठाओगे, जो बहुत कठोर काम है।"

उसके जाने के बाद मैं गर्म रेत में लेट गया और सितारों की तरफ़ देखते हुए काम के बारे में सोचने लगा। मेगिडो ने कहा था कि काम उसका सबसे अच्छा मित्र है। मैं सोच रहा था, क्या वह मेरा भी सबसे अच्छा मित्र होगा। निश्चित रूप से होगा, अगर वह मुझे इस संकट से निकाल ले।

जब मेगिडो जागा, तो मैंने उसके कान में फुसफुसाकर यह अच्छी

ख़बर दी। जब हम बैबिलॉन की ओर बढ़ रहे थे, तो हमारे लिए यह आशा की इकलौती किरण थी। शाम को हम दीवारों के पास पहुँचे। हमें दिख रहा था कि लोगों की लंबी क़तारें काली चींटियों की तरह ऊँचे रास्तों पर ऊपर-नीचे आ-जा रही थीं। क़रीब पहुँचने पर हमें यह देखकर हैरानी हुई कि हज़ारों लोग काम कर रहे थे। कुछ खंदक में खुदाई कर रहे थे, कुछ मिट्टी की ईंटों में मिट्टी मिला रहे थे। बहुसंख्यक लोग ईंटों को बड़ी बास्केटों में लेकर मैसन्स तक जाने वाली ऊँची पगडंडियों पर चल रहे थे।*

ठेकेदार ढीले मज़दूरों को गालियाँ दे रहा था और क़तार में न चलने वाले लोगों की पीठ पर चाबुक चला रहा था। थके हुए कमज़ोर लोग अपनी भारी बास्केट के बोझ से लड़खड़ाकर गिर जाते थे और दुबारा नहीं उठ पाते थे। अगर चाबुक के बावज़ूद वे उठकर खड़े नहीं होते थे, तो उन्हें रास्ते में एक तरफ़ धकेल दिया जाता था और वहीं पर तड़पता छोड़ दिया जाता था। जल्दी ही उन्हें दूसरे कायरों के पास पहुँचा दिया जाता था, जहाँ क़ब्र उनका इंतज़ार कर रही होती थी। मैंने सोचा, अगर मैं ग़ुलामों के बाज़ार में नहीं बिकूँगा, तो मेरा भी यही हाल होगा।

गोडोसो ने सही कहा था। हमें शहर के द्वार से ग़ुलामों की जेल तक ले जाया गया और अगली सुबह हमें बाज़ार में खड़ा कर दिया गया। मेरे बाक़ी साथी डरे हुए थे। वे सिर्फ़ गार्ड के चाबुक की वजह से ही हिल-डुल रहे थे, ताकि ख़रीदार उनकी जाँच कर सके। मेगिडो और मैं उत्सुकता से हर ख़रीदार से बातें कर रहे थे, बशर्ते वह हमें ऐसा करने की अनुमति दे।

---

*("प्राचीन बैबिलॉन के मशहूर काम ग़ुलामों के श्रम से हुए थे, जिनमें इसकी दीवारें, मंदिर, हैंगिंग गार्डन और बड़ी नहरें शामिल हैं। ज़्यादातर ग़ुलाम युद्धबंदी थे, इससे यह समझना आसान है कि उनके साथ अमानवीय व्यवहार क्यों किया जाता था। इन मज़दूरों में बैबिलॉन और इसके प्रांतों के कई नागरिक भी शामिल थे, जिन्हें अपराधों या आर्थिक मुश्किलों के कारण ग़ुलाम के रूप में बेच दिया गया था। यह एक आम परंपरा थी, जिसमें लोग अपनी पत्नियों या बच्चों को कर्ज़, क़ानूनी निर्णय या अन्य एहसानों के बदले बंधक बना देते थे। जब वादा पूरा नहीं होता था, तो बंधक बने लोगों को ग़ुलामों की तरह बेच दिया जाता था।)

ग़ुलामों के व्यापारी ने राजा के सैनिक बुलवाए, जिन्होंने समुद्री डाकू को जंज़ीरों से बाँधा और जब उसने प्रतिरोध कियां, तो उसकी क्रूरता से पिटाई की। जब वे उसे पकड़कर ले गए, तो मुझे उस पर दया आई।

मेगिडो को महसूस हुआ कि हम जल्दी ही एक-दूसरे से जुदा हो जाएँगे। जब आस-पास कोई ख़रीदार नहीं था, तो उसने मुझसे गंभीरता से बातें कीं और मुझे बताया कि काम भविष्य में मेरे लिए कितना बहुमूल्य साबित होगा। 'कुछ लोग काम से नफ़रत करते हैं और इसे अपना दुश्मन बना लेते हैं। बेहतर होगा कि इसके साथ मित्र की तरह व्यवहार करो और इसे पसंद करो। इस बात की परवाह मत करो कि यह मुश्किल है। अगर तुम कोई बेहतरीन मकान बना रहे हो, तो तुम्हें यह परवाह नहीं होती है कि लट्ठे भारी हैं और कुआँ दूर है, जहाँ से पानी लाना पड़ता है। मुझसे यह वादा करो कि अगर तुम्हें कोई ख़रीद ले, तो तुम उसके लिए अपनी पूरी मेहनत से काम करोगे। अगर वह तुम्हारे काम से प्रभावित न हो, तो भी परवाह मत करना। याद रखो, अगर काम अच्छी तरह से किया जाए, तो काम करने वाले को इससे हमेशा लाभ होता है। इससे वह बेहतर इंसान बन जाता है।'" उसी समय वहाँ पर एक सुगठित किसान आकर हमारी जाँच करने लगा, इसलिए मेगिडो ने अपनी बात यहीं पर ख़त्म कर दी।

मेगिडो ने उसके खेत तथा फसलों के बारे में पूछा और उसे जल्दी ही यह विश्वास दिला दिया कि वह बहुत ही उपयोगी ग़ुलाम साबित होगा। काफ़ी देर तक ग़ुलामों के व्यापारी से भाव-ताव करने के बाद किसान ने अपने वस्त्र के नीचे से अपना मोटा पर्स निकाला और जल्दी ही मेगिडो अपने नए मालिक के साथ आँखों से ओझल हो गया।

कुछ और लोग भी सुबह ही बिक गए। दोपहर में गोडोसो ने मुझे विश्वास में लेकर बताया कि ग़ुलामों का व्यापारी उकता गया था। इस स्थिति में वह रात भर इंतज़ार नहीं करेगा, बल्कि शाम होते ही बचे हुए ग़ुलामों को सम्राट के आदमियों को बेच देगा। यह सुनकर मैं बहुत छटपटाने लगा। उसी समय एक मोटा और अच्छे स्वभाव वाला व्यक्ति

दीवार के पास आया। उसने पूछा कि क्या हममें से कोई बेकर (नानबाई) है।

मैंने उससे पूछा, "आप जैसा अच्छा बेकर किसी दूसरे घटिया बेकर को क्यों खोज रहा है? क्या मेरी तरह के किसी इच्छुक युवक को अपनी कला सिखाना ज़्यादा आसान नहीं होगा? मेरी तरफ़ देखें, मैं युवा हूँ, शक्तिशाली हूँ और मुझे काम करना पसंद है। मुझे एक मौक़ा तो दें, मैं आपके लिए धन कमाने का सर्वश्रेष्ठ प्रयास करूँगा।"

वह मेरी इच्छा से बहुत प्रभावित हुआ और ग़ुलामों के व्यापारी के साथ सौदेबाज़ी करने लगा। हालाँकि व्यापारी ने मेरी तरफ़ पहले कभी ध्यान नहीं दिया था, परंतु इस समय वह मेरी योग्यताओं, मेरी अच्छी सेहत और मेरे अच्छे स्वभाव की तारीफ़ों के पुल बाँध रहा था। मुझे लगा, जैसे मैं कोई मोटा बैल हूँ, जिसे किसी क़साई के हाथों बेचा जा रहा हो। आख़िरकार जब सौदा पूरा हो गया, तो मुझे बहुत ख़ुशी हुई। मैं अपने नए मालिक के साथ चल दिया और यह सोचने लगा कि मैं बैबिलॉन का सबसे ख़ुशक़िस्मत आदमी हूँ।

मेरा नया घर मुझे काफ़ी पसंद आया। मेरे मालिक नानानेद ने मुझे सिखाया कि अहाते में रखी जौ को पत्थर की सिल पर कैसे पीसना है, ओवन में आग कैसे जलाना है और फिर शहद वाले केक के लिए तिल को बहुत बारीक कैसे पीसना है। मेरा बिस्तर अनाज के भंडार वाले शेड में लगा था। यहाँ पर एक बूढ़ी ग़ुलाम महिला हाउसकीपर थी। स्वास्ति नाम की इस महिला ने मुझे अच्छी तरह खाना खिलाया और जब मैंने भारी कामों में उसकी मदद की, तो वह ख़ुश हो गई।

मैं यही अवसर तो चाहता था, ताकि मैं अपने मालिक की नज़रों में मूल्यवान बन सकूँ। मैं आशा कर रहा था कि स्वतंत्रता हासिल करने का कोई न कोई रास्ता निकल आएगा।

मैंने नानानेद से कहा कि वह मुझे सिखाए कि आटे को कैसे गूँथा जाता है और बेकिंग कैसे की जाती है। उसने मुझे यह सिखा दिया और

वह मेरे सीखने की इच्छा से बहुत ख़ुश हुआ। बाद में जब मैं इस काम को अच्छी तरह करने लगा, तो मैंने उससे कहा कि वह मुझे शहद के केक बनाना भी सिखा दे। जल्दी ही मैं बेकिंग का सारा काम करने लगा। मेरे मालिक को अब पूरा आराम मिल गया था। वे आलस की ज़िंदगी से बहुत ख़ुश थे, परंतु स्वास्ति ने अप्रसन्नता में अपना सिर हलाया, ''इंसान के पास कोई काम न होना बुरी बात है।''

मैंने महसूस किया कि अब मुझे कोई ऐसा रास्ता खोजना था, जिससे मैं अपनी स्वतंत्रता ख़रीदने के लिए कुछ सिक्के कमा सकूँ। बेकिंग का काम दोपहर तक ख़त्म हो जाता था। मैंने सोचा कि अगर मैं दोपहर के बाद कुछ कमाई करूँ और उसे अपने मालिक के साथ बाँट लूँ, तो नानानेद राज़ी हो जाएँगे। फिर मेरे मन में यह विचार आया, क्यों न शहद के केक ज़्यादा बना लूँ और उन्हें शहर की सड़कों पर भूखे लोगों को बेचूँ ?

"मैंने नानानेद को यह विचार इस तरीक़े से बताया, ''दोपहर तक मेरा बेकिंग का काम ख़त्म हो जाता है। अगर मैं उसके बाद आपके लिए धन कमा सकूँ, तो क्या आप मेरी आमदनी का कुछ हिस्सा मुझे दे देंगे ? मैं चाहता हूँ कि मेरे पास भी कुछ पैसा रहे, जिसकी ज़रूरत हर इंसान को अपनी इच्छाओं और ज़रूरतों के लिए होती है ?'"

"क्यों नहीं, क्यों नहीं," उसने स्वीकार किया। जब मैंने उसे अपनी योजना बताई कि मैं बाज़ार में शहद के केक बेचने के बारे में सोच रहा हूँ, तो वह बहुत ख़ुश हुआ। उसने सुझाव दिया, "हम यह कर सकते हैं। तुम एक पेनी में दो केक बेचना। जितनी कमाई होगी, उसमें से आधी तो आटे, शहद और ईंधन की लकड़ी के ख़र्च के रूप में मैं ले लूँगा। बाक़ी बची आधी कमाई में से आधा मेरा और आधा तुम्हारा होगा।"

मैं उसके इस उदार प्रस्ताव से बहुत ख़ुश हुआ कि मुझे बिक्री का चौथाई हिस्सा मिलेगा। उस रात मैंने देर तक काम करके एक ट्रे बनाई, ताकि मैं उस पर केक रख सकूँ। नानानेद ने मुझे अपने पुराने कपड़े दे दिए, ताकि मेरा हुलिया ठीक दिखे। स्वास्ति ने मालिक के कपड़ों पर पैबंद लगाकर उन्हें धोकर साफ़ कर दिया।

अगले दिन मैंने शहद के ज़्यादा केक बनाए। मैंने सोचा, ट्रे पर रखे हुए भूरे केक देखकर लोगों का मन ललचा जाएगा। मैं सड़क पर जाकर ज़ोर-ज़ोर से अपने केकों के बारे में चिल्लाने लगा। पहले तो किसी ने भी रुचि नहीं दिखाई और मैं हताश हो गया। बहरहाल मैं जुटा रहा। बाद में जब दोपहर को लोगों को भूख लगी, तो केक धड़ाधड़ बिकने लगे और जल्दी ही मेरी ट्रे ख़ाली हो गई।

नानानेद मेरी सफलता से बहुत ख़ुश हुआ और उसने ख़ुशी-ख़ुशी मुझे मेरी कमाई का चौथा हिस्सा दे दिया। मैं धन का स्वामी बनकर आनंदित था। मेगिडो सही था, जिसने कहा था कि मालिक अपने ग़ुलामों के अच्छे काम की प्रशंसा करता है। मैं अपनी सफलता पर इतना रोमांचित था कि उस रात को मुझे नींद नहीं आई। मैं यह अनुमान लगा रहा था कि मैं एक साल में कितना कमा सकता हूँ और अपनी स्वतंत्रता ख़रीदने में मुझे कितने साल लगेंगे।

जब मैं हर दिन अपनी ट्रे में केक रखकर बेचने लगा, तो जल्दी ही मेरे नियमित ग्राहक बन गए। उनमें से एक तुम्हारे दादा अरद ग़ुला थे। वे क़ालीनों के व्यापारी थे, जिन्हें वे गृहिणियों को बेचते थे। वे शहर के एक कोने से दूसरे कोने तक जाते थे। उनके साथ-साथ एक गधा चलता था, जिस पर क़ालीनों का ऊँचा ढेर रखा रहता था। इसकी देखभाल के लिए उनके साथ एक अश्वेत ग़ुलाम भी रहता था। वे दो केक अपने लिए ख़रीदते थे और दो अपने ग़ुलाम के लिए। उन्हें खाते समय वे मुझसे बातें करने के लिए हमेशा ठहर जाते थे।

तुम्हारे दादाजी ने एक दिन मुझसे एक ऐसी बात कही, जो मुझे हमेशा याद रहेगी। ''मुझे तुम्हारे केक पसंद हैं, परंतु मुझे तुम्हारी मेहनत इससे भी ज़्यादा पसंद है, जिसके साथ तुम उन्हें बेचते हो। अगर तुम इसी तरह से काम करते रहोगे, तो तुम सफलता की राह पर बहुत आगे तक जाओगे।''

'हादान ग़ुला, तुम यह बात नहीं समझ सकते कि प्रोत्साहन के ये शब्द उस ग़ुलाम लड़के के लिए क्या मायने रखते होंगे, जो एक बड़े शहर

में अपनी पूरी ताक़त से अकेला संघर्ष कर रहा था, ताकि अपनी ग़ुलामी से बाहर निकलने का कोई तरीक़ा खोज सके?

महीने गुज़रते गए और मेरे पर्स में सिक्के इकट्ठे होते गए। मेरे बेल्ट में लगे पर्स का वज़न बढ़ता गया। जैसा मेगिडो ने कहा था, काम मेरा सबसे अच्छा मित्र साबित हो रहा था। मैं बहुत ख़ुश था, परंतु स्वास्ति चिंतित थी।

उसने कहा, "मैं मालिक की वजह से चिंतित हूँ। मुझे डर है कि वे अपना ज़्यादातर समय जुए की टेबलों पर बिताते हैं।"

एक दिन मुझे मेरा मित्र मेगिडो सड़क पर मिल गया, जिससे मिलकर मुझे बहुत ख़ुशी हुई। वह तीन गधों पर सब्ज़ियाँ लादकर बाज़ार ले जा रहा था। उसने कहा, ''मैं बहुत अच्छी तरह से हूँ। मेरे मालिक ने मेरे अच्छे काम से ख़ुश होकर मुझे प्रभारी बना दिया है। वह सामान बेचने के मामले में भी मुझ पर भरोसा करता है और उसने मेरे परिवार को भी बुलवा भेजा है। काम विपत्ति से उबरने में मेरी मदद कर रहा है। किसी दिन यह स्वतंत्रता ख़रीदने में भी मेरी मदद करेगा और भविष्य में मैं अपने खेत का मालिक बन जाऊँगा।"

समय गुज़रता गया। नानानेद मेरे लौटने का बेसब्री से इंतज़ार करने लगा। जब मैं लौटता था, तो वह इंतज़ार करता मिलता था, ताकि वह उत्सुकता से हमारे धन को गिने और बाँट ले। वह मुझे नए बाज़ार तलाशने के लिए प्रेरित करता था, ताकि मैं ज़्यादा केक बेच सकूँ।

अक्सर मैं शहर के दरवाज़े के बाहर भी जाता था, ताकि दीवार बनाने वाले ग़ुलामों के ठेकेदारों को अपने केक बेच सकूँ। हालाँकि मुझे वह अप्रिय दृश्य बिलकुल पसंद नहीं था, परंतु ठेकेदार बहुत उदारता से ख़रीदते थे। एक दिन मैं जैबेदो को देखकर हैरान हुआ, जो ईंटों को अपनी बास्केट में भरने के लिए क़तार में लगा था। वह बहुत दुबला हो गया था, उसके कंधे झुक गए थे और उसकी कमर पर चाबुकों के घाव और फोड़े साफ़ नज़र आ रहे थे। उस पर तरस खाकर मैंने उसे एक केक

दे दिया। वह भूखे जानवर की तरह केक को चबा गया। उसकी आँखों में लोभ की चमक देखकर मुझे डर लगा कि कहीं वह मेरी पूरी ट्रे न छीन ले, इसलिए मैं वहाँ से भाग खड़ा हुआ।

अरद ग़ुला ने एक दिन मुझसे पूछा, "तुम इतनी कड़ी मेहनत क्यों करते हो?" क्या तुम्हें याद है, यही सवाल आज तुमने मुझसे पूछा था? मैंने उन्हें बताया कि मेगिडो ने काम के बारे में क्या कहा था और यह भी कि काम मेरा सबसे अच्छा मित्र साबित हो रहा था। मैंने उन्हें गर्व से सिक्कों से भरा अपना पर्स बताया और यह कहा कि मैं अपनी स्वतंत्रता ख़रीदने के लिए उन्हें बचा रहा था।

उन्होंने पूछा, "स्वतंत्र होने के बाद तुम क्या करोगे?"

मैंने जवाब दिया, "मैं व्यापारी बनना चाहता हूँ।"

इस पर उन्होंने मुझे विश्वास में लिया। उन्होंने मुझे एक ऐसी बात बताई, जो मैं सपने में भी नहीं सोच सकता था। उन्होंने कहा, "तुम शायद यह नहीं जानते हो कि मैं भी ग़ुलाम हूँ, परंतु मैं अपने मालिक का पार्टनर भी हूँ।"

हादान ग़ुला ने कहा, "रुक जाओ। मैं अपने दादाजी का अपमान करने वाली झूठी बातें नहीं सुनूँगा। वे ग़ुलाम नहीं थे।" उसकी आँखें ग़ुस्से से दहकने लगी थीं।

शारू नादा शांत रहा। "मैं उनका सम्मान करता हूँ, क्योंकि वे अपने दुर्भाग्य से बाहर निकलकर ऊपर उठे और दमिश्क के अग्रणी नागरिक बने। क्या तुम, उनके पोते, भी उसी मिट्टी के बने हो? क्या तुम मर्द हो, जो सच्चे तथ्यों का सामना कर सके या तुम झूठे भ्रमों में जीना पसंद करते हो?"

हादान ग़ुला तनकर बैठ गया। गहरी भावना से रुँधी आवाज़ में उसने जवाब दिया, "मेरे दादाजी से सब प्रेम करते थे। उन्होंने अनगिनत अच्छे काम किए थे। जब अकाल आया, तो उन्होंने मिस्र में अनाज ख़रीदने के लिए धन दिया और उनका कारवाँ इसे दमिश्क लेकर आया।

उन्होंने सारा अनाज लोगों में बाँट दिया, ताकि कोई भूखा न मरे। अब आप कहते हैं कि वे बैबिलॉन में एक अपमानित ग़ुलाम थे।"

शारू नादा ने जवाब दिया, "अगर वे बैबिलॉन में ग़ुलाम ही बने रहते, तो उन्हें अपमानित कहना उचित होता। परंतु जब वे अपने प्रयासों से दमिश्क के महान व्यक्ति बन गए, तो दरअसल देवताओं ने उनके दुर्भाग्यों को माफ़ कर दिया और उनका सम्मान किया।"

शारू नादा ने आगे कहा, "मुझे यह बताने के बाद कि वे एक ग़ुलाम हैं, उन्होंने यह कहा कि वे स्वतंत्र होने के लिए बेताब थे। अब उनके पास अपनी स्वतंत्रता ख़रीदने के लिए पर्याप्त धन आ गया था, परंतु वे इस दुविधा में थे कि क्या उन्हें ऐसा करना चाहिए। उन दिनों उनकी बिक्री पहले जितनी अच्छी नहीं हो रही थी और उन्हें अपने मालिक का सहारा छोड़ने में डर लग रहा था।''

मैंने उनके अनिर्णय का विरोध किया, ''अपने मालिक से बँधकर न रहें। एक बार फिर से स्वतंत्र व्यक्ति बनने की भावना का अनुभव करें। स्वतंत्र व्यक्ति की तरह काम करें और सफल बनें! यह फ़ैसला करें कि आप क्या हासिल करना चाहते हैं और फिर काम करके आप उसे हासिल कर लेंगे!'' वे यह कहकर अपने रास्ते चले गए कि मैंने उनकी कायरता पर उन्हें लज्जित कर दिया था और इससे उन्हें ख़ुशी हुई थी।*

एक दिन मैं एक बार फिर शहर के द्वार के बाहर गया। मुझे यह देखकर हैरानी हुई कि वहाँ पर भारी भीड़ जमा थी। जब मैंने एक व्यक्ति से इसका कारण पूछा, तो उसने जवाब दिया, ''क्या तुमने सुना नहीं है? एक भगोड़े ग़ुलाम ने सम्राट के सैनिक को मार डाला था। उसे पकड़कर

---

*(प्राचीन बैबिलॉन में ग़ुलामों की परंपराएँ कानून द्वारा निर्धारित थीं, हालाँकि आज हमें वे असंगत प्रतीत होंगी। उदाहरण के लिए, ग़ुलाम किसी भी तरह की जायदाद का स्वामी बन सकता था। वह अन्य ग़ुलामों का स्वामी भी बन सकता था, जिन पर उसके मालिक का कोई अधिकार नहीं होता था। ग़ुलाम स्वतंत्र लोगों के साथ विवाह कर सकते थे। स्वतंत्र माताओं के बच्चे भी स्वतंत्र होते थे। शहर के अधिकांश व्यापारी ग़ुलाम थे। उनमें से कई अपने मालिकों के पार्टनर थे और अमीर भी थे।)

सज़ा सुना दी गई है और आज उसे उसके अपराध के लिए कोड़े मारकर मार डाला जाएगा। सम्राट स्वयं यहाँ पर आने वाले हैं।''

कोड़े मारने वाले स्थान के आस-पास इतनी ज़्यादा भीड़ थी कि मैं घबरा गया। मुझे डर था कि अगर मैं वहाँ गया, तो मेरी शहद के केक वाली ट्रे गिर जाएगी। इसलिए मैं एक अधूरी दीवार पर चढ़ गया, ताकि लोगों के सिर के ऊपर से नज़ारा देख सकूँ। मैंने वहाँ पर सम्राट को देखा, जो अपने सुनहरे रथ पर सवार थे। इससे पहले मैंने कभी इतना वैभव नहीं देखा था - सुंदर वस्त्र, सुनहरे कपड़े और मख़मल के पर्दे।

मैं कोड़ों की मार नहीं देख पाया, हालाँकि मुझे बेचारे ग़ुलाम की चीख़ें सुनाई दे रही थीं। मैंने सोचा कि हमारे आकर्षक सम्राट जितना उदार व्यक्ति इतने कष्ट को देखना कैसे सहन कर सकता है, परंतु जब मैंने उन्हें अपने सामंतों के साथ हँसी-मज़ाक़ करते देखा, तो मैं जान गया कि वे क्रूर थे और मैं यह भी समझ गया कि दीवार बनाने में ग़ुलामों से ऐसे अमानवीय काम क्यों करवाए जाते हैं।

ग़ुलाम के मर जाने के बाद उसका शरीर एक खंभे पर रस्सी से लटका दिया गया, ताकि सब उसे देख सकें। भीड़ छँटने के बाद मैं क़रीब गया। उसके बाल भरे सीने पर मैंने दो साँप गुदे देखे। वह और कोई नहीं, बल्कि मेरा परिचित समुद्री डाकू था।

अगली बार जब मैं अरद ग़ुला से मिला, तो वे बदले हुए इंसान थे। उत्साह भरे स्वर में उन्होंने मुझसे कहा, ''देखो, जिस ग़ुलाम को तुम जानते थे, वह अब स्वतंत्र इंसान बन चुका है। तुम्हारे शब्दों में जादू था। मेरी बिक्री और मुनाफ़ा अब बढ़ने लगे हैं। मेरी पत्नी बहुत ख़ुश है। वह मेरे मालिक की भतीजी थी और एक स्वतंत्र महिला थी। उसकी बहुत इच्छा है कि हम किसी अजनबी शहर में चले जाएँ, जहाँ किसी को भी मेरी ग़ुलामी के बारे में जानकारी न हो, ताकि हमारे बच्चों को अपने पिता के दुर्भाग्य के लिए ताने न झेलना पड़ें। काम मेरा सबसे बड़ा सहयोगी बन चुका है। इसने मुझे आत्मविश्वास दिलाया है और मेरी बेचने की क्षमता को बढ़ाया है।''

मैं बहुत ख़ुश हुआ कि उनके दिए प्रोत्साहन के बदले में मैंने थोड़ा सा ही सही, योगदान तो दिया था।

एक शाम को स्वास्ति बहुत दुखी अंदाज़ में मेरे पास आई और बोली, ''मालिक संकट में हैं। मुझे उनकी चिंता हो रही है। कुछ महीने पहले वे जुए की टेबल पर बहुत ज़्यादा रक़म हार गए थे। वे किसान को अनाज या शहद के पैसे नहीं दे रहे हैं। वे सूदख़ोर का ब्याज नहीं चुका रहे हैं। ये लोग ग़ुस्सा हैं और उन्होंने मालिक को धमकी भी दी है।''

मैंने बिना सोचे-समझे कहा, "हम अपने मालिक की मूर्खता पर चिंता क्यों करें? हम उनके रखवाले नहीं हैं।"

"मूर्ख युवक, तुम समझ नहीं रहे हो। उन्होंने सूदख़ोर से जो धन लिया था, उसके बदले में उन्होंने तुम्हें बंधक बना दिया था। क़ानून के मुताबिक़ वह सूदख़ोर तुम पर दावा कर सकता है और तुम्हें बेच सकता है। मैं नहीं जानती कि मैं क्या करूँ। वे अच्छे मालिक हैं। क्यों? आख़िर उन पर ऐसी मुश्किल क्यों आई?"

स्वास्ति के डर निराधार नहीं थे। जब मैं अगली सुबह केक बना रहा था, तो सूदख़ोर सासी नाम के एक आदमी के साथ वहाँ आया। उस आदमी ने मुझे देखकर कहा कि मैं ठीक हूँ।

सूदख़ोर ने मेरे मालिक के लौटने का इंतज़ार भी नहीं किया। इसके बजाय उसने स्वास्ति से कहा कि वह मालिक को बता दे कि वह मुझे ले गया है। मेरे पास सिर्फ़ तन के कपड़े और मेरे बेल्ट में बंधा सिक्कों से भरा पर्स था। केक अधूरे छोड़कर मैं उसके साथ चल दिया।

"मेरी सारी आशाएँ उसी तरह उजड़ गईं, जिस तरह तूफ़ान किसी पेड़ को जंगल से उखाड़कर उफनते समुद्र में डाल देता है। एक बार फिर जुए और शराब ने मेरे जीवन में संकट उत्पन्न कर दिया था।"

सासी एक रूखा व्यक्ति था। जब वह मुझे शहर के पार ले गया, तो मैंने उसे बताया कि मैंने नानानेद के लिए कितना अच्छा काम किया था और मैं उसके लिए भी अच्छा काम करने की कोशिश करूँगा। उसके

जवाब में कोई प्रोत्साहन नहीं था :

"मुझे यह काम पसंद नहीं है। मेरे मालिक को भी यह पसंद नहीं है। मालिक को सम्राट ने कहा कि वह बड़ी नहर का एक हिस्सा बनाने के लिए मुझे भेजे। मालिक ने मुझसे कहा कि मैं ढेर सारे ग़ुलाम ख़रीदूँ, कड़ी मेहनत करूँ और काम जल्दी ख़त्म करूँ। बाप रे, कोई आदमी इतने बड़े काम को जल्दी ख़त्म कैसे कर सकता है?"

कल्पना करो, हर तरफ़ रेगिस्तान हो, एक पेड़ तक न हो, सिर्फ़ छोटी झाड़ियाँ हों। सूरज इतनी तेज़ी से चमक रहा हो कि हमारे पीपे का पानी इतना गर्म हो जाता था कि हम उसे पी नहीं सकते थे। फिर कल्पना करो, आदमियों की क़तारें लगी हों, जो सुबह से रात तक गहराई में जा रही हों और मिट्टी की भारी बाल्टियाँ धूल भरी गर्म पगडंडियों से ऊपर ला रही हों। भोजन एक तरह की नाली में दिया जाता था, जिसमें से हम सुअरों की तरह खाते थे। हमारे पास न तो तंबू थे, न ही बिस्तर। मैंने ख़ुद को इस तरह की स्थिति में पाया। मैंने अपने पर्स को ज़मीन में गाड़कर छुपा दिया और सोचने लगा कि क्या मैं इसे कभी खोदकर दुबारा निकाल पाऊँगा।

पहले तो मैंने उत्साह से काम किया, परंतु कई महीने गुज़रने के बाद मेरा मनोबल टूटने लगा। फिर बुखार ने मेरे थके शरीर को गिरफ़्त में ले लिया। मेरी भूख ख़त्म हो गई और मुझसे मटन या सब्ज़ियाँ नहीं खाई जाती थीं। रात को मैं जागता रहता था और दुखी होता रहता था।

दुखी मन से मैंने सोचा कि कहीं ज़ैबेदो की योजना ही तो सबसे अच्छी नहीं थी कि काम को टालो और अपनी पीठ को टूटने से बचाओ। फिर मुझे याद आया कि मैंने उसे पिछली बार किस हाल में देखा था। मैं समझ गया कि उसकी योजना अच्छी नहीं थी।

फिर मुझे ग़ुस्सैल समुद्री डाकू याद आया और मैंने सोचा कि लड़ने और मार डालने का तरीक़ा भी इतना बुरा नहीं था। परंतु फिर मुझे उसकी ख़ून से लथपथ देह याद आ गई और मैं समझ गया कि उसकी

योजना भी बकवास थी।

फिर मुझे मेगिडो की आख़िरी झलक याद आई। कड़ी मेहनत के कारण उसके हाथों में छाले पड़ गए थे, परंतु उसका दिल हल्का था और उसके चेहरे पर ख़ुशी थी। उसकी योजना सबसे अच्छी थी।

बहरहाल मैं भी मेगिडो की तरह मेहनत करना चाहता था; मेगिडो मुझसे ज़्यादा कड़ी मेहनत नहीं कर सकता था। फिर काम की बदौलत मुझे ख़ुशी और सफलता क्यों नहीं मिली? मेगिडो को ख़ुशी काम की बदौलत मिली थी या फिर ख़ुशी और सफलता सिर्फ़ देवताओं की इच्छा पर निर्भर करती थी? क्या मैं पूरी ज़िंदगी मेहनत करने के बाद भी अपने लक्ष्य तक नहीं पहुँच पाऊँगा? क्या मुझे कभी ख़ुशी और सफलता नहीं मिलेगी? ये सारे सवाल मेरे दिमाग़ में गूँजते रहे और मेरे पास इनका कोई जवाब नहीं था। दरअसल मैं बहुत दुविधा में था।

कई दिनों बाद जब ऐसा लगा कि मैं अपनी सहनशक्ति के छोर पर पहुँच गया था और मेरे सवालों का कोई जवाब नहीं मिल रहा था, तो सास़ी ने मुझे बुलवाया। एक संदेशवाहक मेरे मालिक के पास से मुझे बैबिलॉन ले जाने के लिए आया था। मैंने अपने क़ीमती पर्स को ज़मीन से खोदकर बाहर निकाला, अपने तन पर अपने फटे कपड़े डाले और उस संदेशवाहक के साथ चल दिया।

यात्रा के दौरान मेरे बुखार से तपते मस्तिष्क में यह विचार आया कि तूफ़ान मुझे उठाकर इधर से उधर पटक रहा था। मेरा जीवन अपने पैतृक क़स्बे हारून के गीत के विचित्र शब्दों के अनुरूप था :

बवंडर की तरह इंसान को घुमाते हुए,
तूफ़ान की तरह उसे उड़ाते हुए,
जिसकी राह का कोई अनुसरण नहीं कर सकता,
जिसके भाग्य की कोई भविष्यवाणी
नहीं कर सकता।

क्या मेरी क़िस्मत में इसी तरह सज़ा पाना लिखा था, न जाने किन पापों की? न जाने कौन सी निराशाएँ और दुख मेरा इंतज़ार कर रहे होंगे?

जब हम मालिक के घर के अहाते में पहुँचे, तो मेरे आश्चर्य की कल्पना करें कि वहाँ मैंने अरद ग़ुला को अपना इंतज़ार करते देखा। उन्होंने नीचे उतरने में मेरी मदद की और मुझे इस तरह गले लगाया, जैसे उन्हें उनका बिछड़ा हुआ भाई मिल गया हो।

अंदर जाते समय मैं उनके पीछे-पीछे चलने लगा, जैसे ग़ुलाम को मालिक के पीछे चलना चाहिए, परंतु उन्होंने इसकी इजाज़त नहीं दी। उन्होंने मेरी कमर में हाथ डालकर कहा, "मैंने तुम्हें हर जगह ढूँढ़ा। जब मेरी आशा ख़त्म हो गई, तब कहीं जाकर स्वास्ति से मेरी मुलाक़ात हुई। उसने मुझे उस सूदख़ोर के बारे में बताया, जिसने मुझे तुम्हारे मालिक तक पहुँचाया। उसने बहुत ज़्यादा क़ीमत माँगी और मैंने बहुत महँगा सौदा किया, परंतु तुम सचमुच बहुत मूल्यवान हो। तुम्हारे जीवनदर्शन और तुम्हारी मेहनत ने ही मुझे इस सफलता तक पहुँचने की प्रेरणा दी थी।"

मैंने बीच में कहा, "मेरा नहीं, मेगिडो का जीवनदर्शन।"

"मेगिडो का भी और तुम्हारा भी। तुम दोनों को धन्यवाद। हम दमिश्क जा रहे हैं और मैं तुम्हें अपना पार्टनर बनाना चाहता हूँ। एक मिनट में तुम स्वतंत्र व्यक्ति बन जाओगे!" इतना कहकर उन्होंने अपने वस्त्र के नीचे से एक मृदापत्र निकाला, जो मेरी ग़ुलामी का दस्तावेज़ था। इसे उन्होंने अपने सिर के ऊपर उठाया और जमकर पत्थरों पर पटक दिया। इसके सैकड़ों टुकड़े हो गए। ख़ुशी से वे उन टुकड़ों पर तब तक कूदते रहे, जब तक कि वे धूल नहीं बन गए।"

"मेरी आँखों में कृतज्ञता के आँसू छलक आए। मैं जानता था कि मैं बैबिलॉन का सबसे ख़ुशक़िस्मत आदमी था।"

"इस कहानी में तुमने देखा कि मेरी सबसे बड़ी विपत्ति में भी काम मेरा सबसे अच्छा मित्र साबित हुआ। काम करने की मेरी इच्छा की

बदौलत ही मैं दीवारों पर काम करने वाले ग़ुलामों की गिनती में आने से बचा। मेरे काम ने ही तुम्हारे दादाजी को प्रभावित किया। इसी वजह से उन्होंने मुझे अपना पार्टनर बनाया।"

फिर हादान ग़ुला ने पूछा, "क्या काम ही मेरे दादाजी की दौलत का रहस्य था?"

शारू नादा ने जवाब दिया, "यह उनकी सफलता का इकलौता रहस्य था। तुम्हारे दादाजी काम करने से प्रेम करते थे। देवताओं ने उनकी मेहनत से ख़ुश होकर उन्हें उदारतापूर्वक पुरस्कार दिया।"

हादान ग़ुला ने सोचते हुए कहा, "मैं अब देख सकता हूँ। काम ने उनके बहुत से मित्र बनाए, जो उनकी मेहनत और इससे मिलने वाली सफलता से प्रभावित थे। काम ने उन्हें दमिश्क में सम्मान दिलाया। काम ने ही उन्हें वे सारी चीज़ें दिलाईं, जो मैं चाहता हूँ। और मैं सोचता था कि काम सिर्फ़ ग़ुलाम करते हैं।"

शारू नादा ने कहा, "ज़िंदगी में बहुत से आनंद हैं, जिनका उपभोग आदमी को करना चाहिए। हर आनंद की अपनी जगह है। मैं ख़ुश हूँ कि काम सिर्फ़ नौकरों या ग़ुलामों के लिए आरक्षित नहीं है। अगर ऐसा होता, तो मैं अपने सबसे बड़े आनंद से महरूम रह जाता। मैं बहुत सी चीज़ों का आनंद लेता हूँ, परंतु काम की जगह कोई और चीज़ नहीं ले सकती।"

शारू नादा और हादान ग़ुला ऊँची दीवारों की छाया से निकलकर बैबिलॉन के काँसे के बड़े द्वार से प्रविष्ट होने लगे। उनके पास आते ही द्वार के रक्षक सावधान की मुद्रा में आ गए और उन्होंने एक सम्मानित नागरिक को सलाम किया। शारू नादा ने सिर तानकर अपने लंबे कारवाँ को द्वार से प्रविष्ट कराया और शहर की सड़कों पर ले गया।

हादान ग़ुला ने उसमें विश्वास जताते हुए कहा, "मैं हमेशा अपने दादाजी की तरह बनना चाहता था। परंतु पहले कभी मुझे यह पता ही नहीं था कि वे किस तरह के इंसान थे। आज आपने मुझे यह बता दिया है। अब मैं समझ गया हूँ और मैं उनकी पहले से ज़्यादा प्रशंसा करता हूँ।

अब मेरा संकल्प बढ़ चुका है और मैंने यह ठान लिया है कि मैं उनके जैसा बनूँगा। मुझे डर है कि मैं कभी आपका ऋण नहीं चुका पाऊँगा, क्योंकि आपने उनकी सफलता की सच्ची कुंजी मुझे सौंप दी है। आज से ही मैं उनकी कुंजी का प्रयोग करूँगा। मैं उतनी ही छोटी शुरुआत करूँगा, जितनी उन्होंने की थी, जो मेरी हैसियत को ज़्यादा सच्चाई से बताएगी, जो रत्नों और अच्छे वस्त्रों से पता नहीं चलती है।"

यह कहकर हादान ग़ुला ने अपने कानों से रत्नों के छल्ले और अपनी उँगलियों से अँगूठियाँ उतार दीं। फिर अपने घोड़े की रास छोड़ते हुए वह कारवाँ के लीडर के पीछे-पीछे चलने लगा।

✧ ✧ ✧

बैबिलॉन का ऐतिहासिक वर्णन

इतिहास के पन्नों में और कोई शहर बैबिलॉन जितना वैभवशाली नहीं है। इसका नाम सुनते ही हमारे सामने दौलत और वैभव की तस्वीर खिंच जाती है। यहाँ सोने और रत्नों का भरपूर ख़ज़ाना था। स्वाभाविक है कि यह सुनकर हम सोचेंगे कि शायद यह समृद्ध शहर किसी उष्णकटिबंधीय भूमि पर स्थित होगा, जहाँ जंगलों और खदानों जैसे प्रचुर प्राकृतिक संसाधन होंगे। परंतु यह सच नहीं है। दरअसल़ यह यूफ्रेटस नदी के किनारे पर स्थित था। यह एक सपाट और शुष्क घाटी में स्थित था। यहाँ न तो जंगल थे, न ही खदानें। यहाँ तो इमारत बनाने के लिए पत्थर तक नहीं थे। यह प्राकृतिक व्यापारिक मार्ग पर भी स्थित नहीं था। बारिश इतनी कम होती थी कि फसलें उगाना संभव नहीं था।

बैबिलॉन एक उत्कृष्ट उदाहरण है, जो हमें सिखाता है कि उपलब्ध संसाधनों का प्रयोग करते हुए मानवीय क्षमता से महान लक्ष्य हासिल किए जा सकते हैं। इस भव्य शहर के सभी संसाधन मनुष्यों द्वारा विकसित

किए गए थे। इसकी समृद्धि इसके नागरिकों की मेहनत का परिणाम थी।

बैबिलॉन के पास सिर्फ़ दो प्राकृतिक संसाधन थे - उर्वर भूमि और नदी का पानी। बैबिलॉन के इंजीनियरों ने इंजीनियरिंग की एक महान योजना बनाकर बाँधों और बड़ी नहरों के द्वारा नदी के पानी की दिशा बदल दी। ये नहरें शुष्क घाटी में दूर तक गईं और उर्वर भूमि को जीवनदायी पानी से सिंचित किया। यह इतिहास में इंजीनियरिंग के सबसे पहले कारनामों में से एक था। इस सिंचाई तंत्र के परिणामस्वरूप अभूतपूर्व और ज़बर्दस्त फ़सल पैदा होने लगी।

सौभाग्य से बैबिलॉन के सम्राटों ने साम्राज्य के विस्तार और युद्ध करके लूटपाट करने में ज़्यादा रुचि नहीं ली। हालाँकि यहाँ के शासकों ने कई युद्ध लड़े, परंतु उनमें से अधिकांश स्थानीय थे या दूसरे देशों के महत्वाकांक्षी विजेताओं के ख़िलाफ़ थे, जो बैबिलॉन की अथाह संपत्ति पर नज़रें गड़ाए हुए थे। बैबिलॉन के उत्कृष्ट शासक इतिहास में अपनी बुद्धि, आर्थिक नियोजन और न्याय के लिए विख्यात हैं। बैबिलॉन का कोई सम्राट इतना महत्वाकांक्षी नहीं था कि वह पूरी दुनिया को जीतने का ख़्वाब देखे।

शहर के रूप में बैबिलॉन का अस्तित्व अब नहीं है। जिन मानवीय शक्तियों ने हज़ारों सालों तक शहर को क़ायम रखा था और इसका विकास किया था, उनके हटने के बाद शहर जल्दी ही वीरान खंडहर में बदल गया। इस शहर का स्थान एशिया में स्वेज़ नहर के छह सौ मील पूर्व में और पर्शियन खाड़ी के उत्तर में है। इसका अक्षांश लगभग 30 डिग्री है, जो यूमा, एरिज़ोना का अक्षांश भी है। बैबिलॉन का मौसम भी इस अमेरिकी शहर की तरह ही गर्म और सूखा था।

यूफ़्रेटस की घाटी, जो कभी आबाद और सिंचित थी, जहाँ कभी भरपूर फ़सल पैदा होती थी, आज बर्बाद और वीरान हो चुकी है। रेतीली हवाएँ इतनी तेज़ी से बहती हैं कि घास और रेगिस्तानी झुरमुट भी बहुत कम दिखाई देते हैं। उपजाऊ खेत, विशाल शहर और सामान के लंबे कारवाँ अब अतीत में दफ़न हो चुके हैं। अब यहाँ पर सिर्फ़ अरबों के कुछ

घुमंतू दल ही रहते हैं, जो छोटे रेवड़ों को पालकर अपना जीवनयापन करते हैं। यह स्थिति लगभग दो हज़ार साल से है।

इस घाटी में मिट्टी की कुछ पहाड़ियाँ भी हैं। सदियों से यात्री उन्हें पहाड़ियाँ ही मानते थे। आख़िरकार पुरातत्वबिदों का ध्यान उनकी ओर आकर्षित हुआ, क्योंकि कभी-कभार आने वाले बारिश के तूफ़ानों में यहाँ पर बर्तनों और ईंटों के टूटे हुए टुकड़े मिले। यूरोपीय और अमेरिकी संग्रहालयों ने इस अभियान के लिए धन दिया। इन पहाड़ियों पर खुदाई का काम इस आशा में शुरू हुआ कि शायद यहाँ पर कुछ मिल जाए। खुदाई करने से जल्दी ही यह साबित हो गया कि ये दरअसल पहाड़ियाँ नहीं, बल्कि प्राचीन शहर थे। उन्हें शहरों के मक़बरे भी कहा जा सकता है।

बैबिलॉन भी इनमें से एक था। लगभग बीस सदियों तक हवाओं ने इस पर रेगिस्तानी धूल डाली थी। यह मूलतः ईंट का बना था, परंतु यह मिट्टी में मिल चुका था। बैबिलॉन का अमीर शहर आज इस हाल में है। यह मिट्टी के ढेर में बदल चुका है। जब तक इसकी सड़कों, मंदिरों और महलों के खंडहरों पर से सदियों की धूल नहीं हटाई गई, तब तक किसी को भी इसका नाम मालूम नहीं था।

कई वैज्ञानिक मानते हैं कि बैबिलॉन और इस घाटी के अन्य शहरों की सभ्यता दुनिया की सबसे पुरानी सभ्यता है, जिसका निश्चित उल्लेख मिलता है। यह साबित किया जा चुका है कि यह सभ्यता लगभग 8,000 साल पुरानी हो सकती है। इस तिथि के निर्धारण के पीछे भी एक रोचक तथ्य है। बैबिलॉन के अवशेषों में सूर्यग्रहण का एक वर्णन मिला। आधुनिक खगोलविदों ने तत्काल उस समय की गणना कर ली, जब इस तरह का सूर्यग्रहण बैबिलॉन में दिखा होगा। इस तरह उन्होंने बैबिलॉन के कैलेंडर तथा आधुनिक कैलेंडर में एक संबंध स्थापित कर लिया।

इस तरह से अब यह साबित हो चुका है कि 8,000 साल पहले बैबिलॉनिया में रहने वाले सुमेरवासी दीवारों से घिरे शहरों में रहते थे। हम सिर्फ़ अनुमान ही लगा सकते हैं कि इससे पहले इन शहरों का

अस्तित्व कितनी सदियों से रहा होगा। रक्षा करने वाली दीवारों के भीतर रहने वाले ये लोग बर्बर नहीं थे। वे शिक्षित और बुद्धिमान थे। लिखित इतिहास के अनुसार वे दुनिया के पहले इंजीनियर, पहले खगोलविद्, पहले गणितज्ञ, पहले फ़ाइनैंसर्स और लिपि का प्रयोग करने वाले पहले लोग थे।

सिंचाई तंत्र का उल्लेख पहले ही किया जा चुका है, जिसने शुष्क घाटी को कृषि के स्वर्ग में बदल दिया था। इन नहरों के अवशेष अब भी मिलते हैं, हालाँकि उनका ज़्यादातर हिस्सा मिट्टी से भरा है। उनमें से कुछ का आकार तो इतना बड़ा है कि अगर उनमें पानी न हो, तो एक दर्जन घोड़े एक साथ दौड़ सकते हैं। आकार में वे कोलोरेडो और यूटा की सबसे बड़ी नहरों से भी ज़्यादा बड़ी हैं।

घाटी की भूमि को सिंचित करने के अलावा बैबिलॉन के इंजीनियरों ने एक और बड़ी योजना पूरी की। एक वृहद ड्रेनेज सिस्टम द्वारा उन्होंने यूफ्रेटस और टिगरिस नदियों के मुहानों की दलदली ज़मीन के एक बड़े टुकड़े का पानी निकालकर उसे कृषि के उपयोग में ले लिया।

यूनानी यात्री और इतिहासकार हेरोडोटस ने बैबिलॉन की यात्रा उस समय की, जब यहाँ की सभ्यता शिखर पर थी। हेरोडोटस ऐसे इकलौते बाहरी व्यक्ति हैं, जिनके द्वारा लिखा गया बैबिलॉन का वर्णन उपलब्ध है। उन्होंने शहर का चित्रात्मक वर्णन किया है और नागरिकों की कुछ असामान्य परंपराओं का उल्लेख भी किया है। उन्होंने यहाँ की भूमि की उल्लेखनीय उपजाऊ क्षमता का उल्लेख किया है और इसके द्वारा उत्पन्न गेहूँ तथा जौ की प्रचुर फ़सल का भी।

बैबिलॉन का वैभव धुँधला पड़ चुका है, परंतु इसका ज्ञान अब भी सुरक्षित है। इसके लिए हम उनके रिकॉर्ड रखने के तरीक़े के आभारी हैं। उस प्राचीन युग में काग़ज़ का आविष्कार नहीं हुआ था। इसके बजाय वे गीली मिट्टी पर लिखते थे। पूरा लिख लेने के बाद मिट्टी को आग में पकाया जाता था, ताकि वह सख़्त हो जाए। आकार में ये मृदापत्र 6 x 8 इंच के लगभग होते थे। उनकी मोटाई एक इंच होती थी।

लिखने में इन मृदापत्रों का उसी तरह से प्रयोग होता था, जिस तरह आज हम काग़ज़ का प्रयोग करते हैं। उन पर दंतकथाएँ, कविताएँ, इतिहास, राजाज्ञा, देश के कानून, जायदाद के दस्तावेज़, प्रॉमिसरी नोट और यहाँ तक कि पत्र भी लिखे जाते थे, जिन्हें संदेशवाहक दूसरे शहरों तक पहुँचाते थे। इन मृदापत्रों से हमें इन लोगों के अंतरंग और व्यक्तिगत मामलों की जानकारी मिलती है। उदाहरण के लिए, एक मृदापत्र में एक दुकानदार का रिकॉर्ड मिलता है। इसमें यह उल्लेख है कि एक निश्चित तारीख़ को एक ग्राहक एक गाय लेकर आया और उसके बदले में उसने सात बोरे गेहूँ लिए, जिनमें से तीन बोरे वह उसी समय ले गया और बाक़ी चार बोरे वह बाद में ले जाएगा।

शहरों के मलबे में सुरक्षित रूप से दफ़न लाखों मृदापत्र पुरातत्वविदों को मिले हैं।

बैबिलॉन का एक उल्लेखनीय आश्चर्य शहर के चारों तरफ़ की विशाल दीवारें थीं। प्राचीन लोग उन्हें मिस्र के पिरामिडों की तरह ही "दुनिया के सात आश्चर्यों" में से एक मानते थे। महारानी सेमिरैमिकस को शहर की पहली दीवार बनवाने का श्रेय दिया जाता है। आधुनिक खुदाई करने वालों को मूल दीवारों का कोई अवशेष नहीं मिला है। उनकी ऊँचाई के बारे में भी कोई जानकारी उपलब्ध नहीं है। शुरुआती लेखकों के वर्णन के आधार पर यह अनुमान लगाया जाता है कि उनकी ऊँचाई पचास से साठ फ़ुट के बीच होगी, जिसमें बाहरी ओर जली हुई ईंटें थीं और पानी की गहरी खंदक बनाकर सुरक्षा का अतिरिक्त प्रबंध किया गया था।

बाद वाली मशहूर दीवारें लगभग 600 ई.पू. में सम्राट नाबोपोलैज़र ने बनवाना शुरू की थीं। उसने इतने बड़े पैमाने पर दीवारों के पुनर्निर्माण की योजना बनाई थी कि वह इसे अपने जीवनकाल में पूरा नहीं करवा पाया। यह काम उसके पुत्र नेबूशैडनेज़र ने पूरा किया, जिसका नाम बाइबल के इतिहास में पाया जाता है।

इन बाद वाली दीवारों की ऊँचाई और लंबाई अविश्वसनीय थी।

विश्वसनीय सूत्रों के अनुसार वे एक सौ साठ फ़ुट ऊँची थीं, यानी किसी आधुनिक ऑफ़िस की पंद्रह मंज़िली इमारत बराबर ऊँची। इनकी कुल लंबाई नौ से ग्यारह मील के बीच होगी। दीवारों का ऊपरी हिस्सा इतना चौड़ा था कि छह घोड़ों का रथ उस पर आसानी से चल सकता था। इस विराट तंत्र का बहुत कम अवशेष मिला है। सिर्फ़ नींव और खंदक बचे हैं। प्रकृति के क़हर के अलावा अरबवासियों ने इसकी ईंटें निकाल लीं, ताकि उनका प्रयोग करके दूसरी जगह पर इमारत बना सकें। इस तरह ये दीवारें अब पूरी तरह से नष्ट हो चुकी हैं।

बैबिलॉन की दीवारों पर लगभग हर विजेता की सेना ने आक्रमण किया। बहुत से राजाओं ने बैबिलॉन की घेराबंदी की, परंतु उन्हें हमेशा असफलता ही हाथ लगी। उस समय की आक्रमणकारी सेना को हमें कम नहीं आँकना चाहिए। इतिहासकार बताते हैं कि उसमें आम तौर पर 10,000 घुड़सवार, 25,000 रथ, पैदल सैनिकों की 1,200 रेजिमेंट होती थीं, जिनमें से हर रेजिमेंट में 1,000 सैनिक होते थे। अक्सर युद्ध के सामान और रास्ते में सेना के भोजन की व्यवस्था करने में दो-तीन साल की तैयारी की ज़रूरत पड़ती थी।

बैबिलॉन का शहर किसी आधुनिक शहर की तरह व्यवस्थित था। यहाँ पर सड़कें और दुकानें थीं। फ़ेरी वाले अपना सामान रिहाइशी इलाक़ों में बेचा करते थे। पुजारी भव्य मंदिरों में पूजा-अर्चना करते थे। शहर के भीतर शाही महलों के लिए एक आंतरिक परकोटा था, जिसकी दीवारें शहर की दीवारों से भी ज़्यादा ऊँची थीं।

बैबिलॉन के निवासी कलाओं में निपुण थे। इनमें स्थापत्य कला, चित्रकला, बुनाई, सोने का काम और धातु के हथियारों तथा कृषि उपकरणों का निर्माण प्रमुख थे। उनके आभूषण-निर्माताओं के बनाए अधिकांश आभूषण कलात्मक थे। आभूषणों के कुछ नमूने बैबिलॉन के अमीर नागरिकों की क़ब्रों में से मिले हैं और संसार के शीर्षस्थ संग्रहालयों में देखने के लिए रखे गए हैं।

जब बाक़ी की दुनिया पत्थर की नोंक वाली कुल्हाड़ियों से पेड़ काट

रही थी, या पत्थर की नोंक वाले भालों से शिकार कर रही थी और तीरों से लड़ रही थी, तब बैबिलॉन के निवासी धातु की कुल्हाड़ियों, भालों और तीरों का प्रयोग कर रहे थे।

बैबिलॉन के लोग चतुर फ़ाइनैंसर और व्यापारी थे। उपलब्ध प्रमाणों के आधार पर वे धन के मूल आविष्कारक थे और इसका आदान-प्रदान करते थे। इसके अलावा वे प्रॉमिसरी नोट्स और जायदाद के लिखित टाइटल्स के भी आविष्कारक थे।

बैबिलॉन में शत्रु सेनाएँ 540 वर्ष ई.पू. तक कभी प्रवेश नहीं कर पाईं। जब शत्रु सेनाओं ने नगर में प्रवेश किया, तब भी वे दीवारों को नहीं जीत पाईं। बैबिलॉन के पतन की कहानी बहुत असामान्य है। उस समय के महान विजेता साइरस ने बैबिलॉन पर हमला करने की योजना बनाई। वह इसकी अजेय दीवारों को जीतना चाहता था। बैबिलॉन के सम्राट नैबोनिडस के सलाहकारों ने उसे सलाह दी कि वह शहर की घेराबंदी होने का इंतज़ार न करे, बल्कि शहर से बाहर निकलकर साइरस का मुक़ाबला करे। इस युद्ध में बैबिलॉन की सेना पराजित हो गई और शहर छोड़कर भाग गई। इसके बाद साइरस शहर के खुले द्वार से घुसकर बैबिलॉन में दाख़िल हुआ और उसने बिना किसी प्रतिरोध के शहर पर क़ब्ज़ा कर लिया।

इसके बाद शहर की शक्ति और प्रतिष्ठा धीरे-धीरे कम हो गई, जब तक कि कई सदियों में यह शहर पूरी तरह वीरान नहीं हो गया। इसे हवाओं और तूफ़ानों के लिए छोड़ दिया गया, ताकि वे एक बार फिर इसे रेगिस्तानी मिट्टी से ढँक दे, जिससे यह मूलतः बना था। बैबिलॉन मिट्टी में मिल चुका है। अब इसका पुनरुत्थान कभी नहीं हो सकता, परंतु सभ्यता इसकी बहुत ऋणी है।

समय ने इसके मंदिरों की गर्वीली दीवारों को मिट्टी में मिला दिया है, परंतु बैबिलॉन का ज्ञान आज भी क़ायम है।

✧ ✧ ✧

जॉर्ज सैम्युअल क्लासन का जन्म लूसियाना, मिसूरी में नवंबर 1874 में हुआ। उन्होंने नेब्रास्का यूनिवर्सिटी में शिक्षा ली और स्पेनिश-अमेरिकन युद्ध के दौरान अमेरिकी सेना में काम किया। वे एक सफल व्यवसायी थे और उन्होंने डेनवर, कोलोरेडो में क्लासन मैप कंपनी शुरू की, जिसने अमेरिका तथा कनाडा का पहला रोड एटलस प्रकाशित किया। 1926 में उन्होंने बचत और आर्थिक सफलता की पहली कहानी लिखी, जिसके पात्र प्राचीन बैबिलॉन के थे। इन कहानियों को बैंकों तथा बीमा कंपनियों ने बड़ी संख्या में अपने ग्राहकों में बाँटा। लाखों लोगों ने इन कहानियों को पढ़ा और इनसे लाभ उठाया। इन कहानियों में सबसे प्रसिद्ध कहानी *"बैबिलॉन का सबसे अमीर आदमी"* है, जो इस पुस्तक का शीर्षक है। बैबिलॉन की ये कहानियाँ आधुनिक युग की प्रेरक क्लासिक का दर्जा पा चुकी हैं।